Nessa Buonomo

Monétiser son blog

EYROLLES

Chez le même éditeur

M. Bourgoin, L. Lazerges, A. Nello, *Blog it yourself !* (à paraître).
A.-C. Chapman et S. Franchet, *Le guide des entrepreneuses créatives*, 176 p., 2015.
A.-C. Chapman et S. Franchet, *Vendre et mettre en avant ses créations*, 200 p., 2014.
H. Adnum, *Photographiez vos créations*, 192 p., 2012.

Groupe Eyrolles
61, bd Saint-Germain
75240 Paris Cedex 05

www.editions-eyrolles.com

Photos de couverture : © Chloé Lapeyssonnie.
Toutes les photos de l'ouvrage sont de Chloé Lapeyssonnie.

ISBN : 978-2-212-14220-4

Table des matières

À propos de l'auteur

En 2009, Nessa Buonomo prépare son mariage. Inspirée par cet univers et portée par ses propres préparatifs, elle lance à l'automne son blog, La mariée aux pieds nus, sur lequel elle partage astuces, bonnes adresses, coups de cœur, et évidemment des images de mariages, avec l'envie de transmettre aux lecteurs toutes les clefs de l'organisation d'un mariage simple et délicat.

Son blog est devenu en quelques années une référence dans le domaine en France et en Europe, et est régulièrement cité dans la presse féminine et spécialisée *(ELLE, Le Parisien, Le Figaro, L'Express...)*. En 2014, elle publie son premier livre, *Inspirations Fleuries,* aux Éditions Eyrolles.

La mariée aux pieds nus, c'est aujourd'hui plus de 1 500 articles consacrés au mariage, plus de 320 reportages de vrais mariages et plus de 420 000 pages vues par mois. Une véritable activité qui génère entre 2 500 et 5 000 euros par mois.

Grâce à son blog, Nessa Buonomo a créé son propre métier. Elle dirige, aux côtés de son associée Clémentine Marchal, l'agence d'organisation de mariages Made in You et organise LOVE/ETC, le premier festival de mariage français, qui a accueilli depuis quatre ans plusieurs milliers de futurs mariés à la recherche de nouvelles idées et de bonnes adresses pour préparer leur mariage.

Son activité de styliste lui permet également de collaborer régulièrement avec des marques en lien avec l'univers du mariage (robes, costumes, accessoires...), mais aussi avec la presse écrite, notamment *Marie-Claire Idées, Bippity,* ou *Simple Things.*

KINFOLK

Introduction

Comme on prendrait soin d'une plante, alimenter et développer un blog demande de l'attention et du temps. Le mener au succès nécessite de l'implication et de la patience.

Monétiser son blog repose sur 4 éléments :

- une plate-forme solide,
- un excellent contenu,
- un réseau fidèle et l'interaction avec une communauté,
- la mise en place de différentes sources de revenus.

Dans ce livre, vous trouverez les clefs et des conseils accessibles pour concevoir et imaginer un blog de qualité, le développer et le promouvoir pour toucher de potentiels annonceurs. Vous découvrirez les différents moyens de monétiser votre travail afin de faire de votre blog non seulement un joli moyen de communication, mais aussi une source de revenus.

MacBook Air

Créer et développer son blog

Qu'est-ce qu'un blog ?

Un blog est un journal personnel sur lequel des articles, appelés encore posts ou billets, sont publiés de façon antéchronologique. Le lecteur a ainsi accès en premier lieu aux derniers articles publiés, et remonte dans le temps au fur et à mesure de sa lecture.

Simple d'utilisation, gratuit, il a l'avantage, par rapport à un site web, d'être extrêmement simple à actualiser et à manipuler, et ne nécessite aucune connaissance technique particulière. Chacun peut ainsi devenir blogueur et partager une passion ou un centre d'intérêt.

Le lecteur d'un blog qui lui plaît peut s'y abonner (grâce au flux RSS notamment, voir p. 93) pour ne pas rater un billet. Il a aussi la possibilité d'interagir avec son auteur via les commentaires, suivre son actualité via les réseaux sociaux (Facebook, Twitter, Instagram, ou encore Google+). Il peut enfin s'abonner à la newsletter pour être informé des dernières parutions, collaborations, offres ou partenariats particuliers que le blogueur aura mis en place et qui pourraient l'intéresser.

Mode, beauté, mariage, technologie, cuisine, déco ou encore loisirs créatifs, les blogs abordent ainsi de nombreux domaines, et ont aujourd'hui une place à part entière dans la diffusion de l'information, la promotion de produits et de services, et l'économie en général.

En quelques années, les blogs ont pris une importance capitale pour les marques qui cherchent à communiquer de façon rapide et ciblée. L'impact d'un article rédigé sur un produit par un blogueur influent a des répercussions immédiates, que ce soit en termes de réputation, de chiffres, ou de référencement.

Déterminer sa niche

B LOGUER doit à mon sens, avant tout démarrer par passion. C'est parce que vous voudrez apporter votre pierre à l'édifice dans un domaine donné, un domaine que vous connaissez et que vous souhaitez partager, que vous pourrez développer un blog et, pourquoi pas, le monétiser et en faire une source de revenus.

Bloguer peut également être le moyen pour des créateurs, des créatifs, des entrepreneurs, de développer un business, et donc avoir dès le départ une vocation commerciale puisque cela reste un moyen simple et rapide de toucher un large groupe de personnes, et donc de clients potentiels.

Il ne faut pas hésiter assez vite à se projeter dans l'avenir. Est-ce un blog de passionné qui restera un hobby, ou un projet de carrière à plus ou moins long terme ?

En premier lieu, définir le sujet de son blog déterminera pour beaucoup sa capacité de diffusion et de promotion, mais aussi le niveau d'expertise qu'il pourra apporter dans un domaine donné.

Imaginons que vous choisissez de parler de cuisine, par exemple. Vaste secteur. Un sujet déjà abordé par de très nombreux blogs. Comment se démarquer ? Comment apporter votre solution à un problème en particulier ? Il faut se spécialiser. Ainsi, un blog ayant trait à la cuisine végétarienne sans lactose ni gluten, par exemple, pourra sans nul doute devenir une référence en la matière. Alors qu'un blog cuisine plus généraliste fera face à de très nombreux concurrents et devra trouver d'autres leviers pour réussir à se distinguer, que ce soit par un design original, de très belles photos, un ton particulier. Au contraire, un blog hyper ciblé, traitant d'une thématique bien spécifique, peut très vite apparaître comme un incontournable, un acteur original et un véritable expert dans le domaine.

Si vous souhaitez agir dans un domaine qui compte déjà de nombreux blogs pour le traiter, demandez-vous de quelle manière vous pourrez faire sortir le vôtre du lot et faire la différence ! C'est ainsi que vous déterminerez votre propre niche. Vous pouvez la définir dès la création de votre blog, comme Wedding Sparrow, qui dès son lancement a choisi de ne présenter que des reportages de mariage photographiés en argentique.

Choisir le nom de domaine de son blog

Un nom de domaine soigneusement choisi vous permettra d'asseoir une expertise, et d'accélérer la croissance de l'audience de votre blog.

La première impression que l'on fait marque souvent une relation. Lorsque l'on crée son blog, de même, bien avant son design, c'est son nom qui sera déterminant et qui donnera le ton de son univers. Comment bien penser le nom de son blog ? Par où commencer ? Pas évident ! Lorsque j'ai imaginé mon blog mariage il y a six ans maintenant, j'ai réfléchi à plusieurs idées et griffonné pas mal de pages pour arriver à « La mariée aux pieds nus ». Je souhaitais quelque chose qui évoque la simplicité, la nature, les mariages un peu bohèmes… Et puis j'ai passé des mois à chercher mes chaussures de mariée sans trouver exactement ce que je voulais. Je me suis même dit que j'allais me marier pieds nus. J'ai fini par trouver mes chaussures mais le nom est resté pour le blog.

Prenez un carnet, et posez-vous quelques questions si vous aussi vous pensez franchir le pas… Lorsque vous pensez à votre blog, quels sont les mots-clefs qui vous viennent en tête ? Des couleurs, un état d'esprit ? Est-ce que vous rêvez votre blog frais, joyeux, coloré, sobre ? Cet espace est un tout, imaginez-le ainsi. Votre blog doit vous ressembler, son nom doit évoquer quelque chose de vous et votre univers et, pourquoi pas, raconter un bout de votre histoire.

Faites le tri et gardez les idées les plus marquantes. Demandez à une personne extérieure de relire les idées que vous aurez retenues, cela vous permettra d'appréhender les incompréhensions, les problèmes, ou au contraire les éléments positifs de vos premières suggestions.

Quel est le thème de votre blog ? Qu'aimeriez-vous y aborder ? La cuisine, la photo, la déco, le mariage ? Des mots forts sont essentiels. Ainsi, préférez « Mes recettes végétariennes » pour votre blog cuisine plutôt que « La vie de Ninie » si vous envisagez de faire de votre site un outil de promotion de votre travail dans le futur. Il faut, lorsque vous donnez le nom de votre blog, que l'on saisisse rapidement ce dont il parle, et surtout que l'on s'en souvienne. Quels sont vos blogs préférés ? Regardez bien leurs noms, que vous évoquent-ils ? Prenez l'exemple de Griottes, ou Decor8, on sait tout de suite ce qu'on va y trouver.

Demandez-vous quel sera votre lectorat ? Plutôt français ? Une longue phrase en anglais est-elle la meilleure idée ? Souvenez-vous que pour vous retrouver rapidement, les lecteurs ne devront pas se tromper en écrivant le nom de votre site dans un moteur de recherche.

Pour que l'on se souvienne de votre blog, et de son nom, mieux vaut dans l'absolu le choisir plutôt simple et court. Alors oui, La mariée aux pieds nus, ça n'est pas si court que ça, mais il est facile de de s'en souvenir.

De même, et parce que le plus simple est souvent le mieux, essayez autant que possible d'éviter les caractères spéciaux dans votre URL. Souvenez-vous, vous allez souvent donner le nom de votre blog, autant vous faciliter la vie et éviter de devoir faire répéter vos interlocuteurs, parce que « c'est le tiret du 6 ou c'est l'autre ? »... Bref, simplicité !

Vous avez une idée ? Vérifiez rapidement si ce nom de domaine est disponible (sur gandi.com), et optez pour l'achat d'une version en .fr et d'une autre en .com. Vous éviterez ainsi qu'un autre site choisisse le même nom que vous et utilise une URL en .com parce que vous ne l'aviez pas achetée.

Quels que soient la plate-forme (WordPress, Blogger, Tumblr, Overblog) et le système d'hébergement pour lequel vous opterez, choisissez d'acheter votre nom de domaine. Pour une dizaine d'euros par an, le nom de votre blog vous appartiendra. Outre le bénéfice en termes de crédibilité et de professionnalisme, un nom de domaine vous aidera à un référencement plus efficace.

Si la démarche première de la création d'un blog n'est pas forcément l'argent, gardez tout de même en tête que si votre blog se développe, vous permet de générer des revenus, voire créer votre prochain emploi, celui-ci peut potentiellement devenir une marque. D'où l'importance du choix du nom.

Carine Keyvan et Anne-Sophie Michat

www.hello-hello.fr

À mi-chemin entre un blog et un magazine, Hëllø se considère comme un blogzine. Toutes deux journalistes lifestyle, nous avons eu envie de créer un magazine en ligne nouvelle génération dédié aux fans de déco. Inspirations, DIY, astuces, décryptages, conseils, focus sur de nouvelles marques, des créateurs. Notre thème de prédilection est la décoration mais nous abordons également des sujets plus variés : city-guides, recettes, découvertes musicale… Hëllø, c'est un univers.

Il existe de nombreux blogs de décoration, qu'avez-vous mis en place pour vous différencier ?

Un contenu exclusif. Nous ne nous contentons pas de relayer des images trouvées sur Pinterest, nous réalisons des Home Tours que nous produisons intégralement (texte et photos) et des DIY. Nous créons nos propres planches tendance et nous essayons toujours de trouver des angles inspirants, inédits, dans l'air du temps, qui répondent aux envies du moment des décoistas. Enfin, nous ne nous cantonnons pas à un seul exercice, comme les articles avec des sélections shopping, ou les Home Tours, nous mêlons les formats. Une variété de contenus large mais une seule ligne éditoriale et un style bien défini.

Combien d'articles publiez-vous chaque semaine ? Lesquels plaisent le plus aux lecteurs ?

Nous publions une fois par jour, tous les jours, du lundi au dimanche, y compris pendant les vacances ! Nous avons envie que les lecteurs puissent trouver chaque jour une petite info, une bonne adresse, une source d'inspiration. Les articles qui plaisent le plus sont les Home Tours, les DIY ainsi que les posts qui recensent des bonnes adresses « Où trouver un canapé scandinave ? », « Où trouver de la vaisselle en émail ? »…

Quel temps consacrez-vous au blog chaque jour ?

C'est difficile à estimer. Le moindre article prend au minimum deux heures, entre l'idée, la recherche des images (et des sources s'il s'agit de photos en provenance d'autres sites), la rédaction, puis tout le travail de SEO. Les articles les plus longs à réaliser sont les Home Tours. Il y a en amont le travail de veille

En quelques chiffres

Date de création :

1er septembre 2013

Followers :

Facebook : + 9 000

Twitter : + 2 000

Instagram : + 20 000

Pinterest : + 460 000

Pages vues par mois :

+ 260 000

pour rechercher les intérieurs, puis nous passons en moyenne 3 heures à shooter sur place. Nous passons ensuite au moins 3-4 heures à trier et à retoucher les photos, ainsi que 4 bonnes heures sur le texte. Il faut notamment insérer tous les liens vers les produits. Pour un DIY, on compte en moyenne une journée et demie entre l'achat du matériel, la réalisation, le shooting, la retouche photo et la rédaction. Ensuite, il faut compter le temps passé sur les réseaux sociaux. C'est extrêmement chronophage. Parfois, on peut passer une heure rien que pour réaliser une photo destinée à Instagram. Nous passons aussi au moins une heure par jour à lire et à répondre aux e-mails, ainsi qu'aux demandes de partenariats. Enfin, il y a toute la veille pour dénicher des créateurs, de nouvelles marques, des adresses, décrypter les tendances. Nous allons, entre autres, deux fois par an au Salon Maison et Objet et nous assistons très régulièrement à des présentations presse. Heureusement nous opérons souvent des synergies entre notre travail de journaliste conso et Hëllø.

Quelles étapes vous ont permis de professionnaliser votre blog et de le développer ?

La professionnalisation est venue de la hausse de la fréquentation constante, mais aussi de belles collaborations que nous avons eu la chance de mettre en place avec Coussin Germain, pour qui nous avons dessiné un coussin, Birchbox, qui ...

... *nous a fait confiance pour présenter sa première box « Home », ou encore Les Mauvaises Graines, avec qui nous avons organisé un marché de créateurs pour noël. La refonte complète du blog et le lifting du logo nous ont également permis de gagner en crédibilité. Prochaine étape : notre livre qui est en cours de réalisation.*

Quelle solution avez-vous choisi de mettre en place pour monétiser votre blog ?

Nous faisons de l'affiliation, nous proposons des encarts, et nous rédigeons des articles sponsorisés. Nous ne travaillons qu'avec des marques qui sont en phase avec notre univers. Avant d'accepter, nous nous demandons toujours : « Écririons-nous un article sur cette marque si nous n'étions pas payées ? » Si la réponse est non, nous refusons systématiquement. Concernant les articles sponsorisés, nous souhaitons qu'ils apportent, comme tous nos autres contenus, une information pertinente. Il peut s'agir de conseils, d'une recette, d'un DIY... Nous les créons toujours sur mesure. Chaque collaboration est différente.

Quels projets et opportunités votre blog vous a-t-il apportés ?

Cela nous a permis de faire de très belles rencontres, d'autres blogueurs, ainsi que des fans de déco qui nous ont ouvert leur porte pour un Home Tour. Nous avons pu réaliser des projets que nous n'aurions pas pensé possibles, comme dessiner un coussin. Il nous a permis également de faire un livre, de décrocher des piges et, nous l'espérons, de faire encore beaucoup de belles choses.

Quels conseils donneriez-vous à quelqu'un qui souhaiterait monétiser son blog ?

Choisir un sujet qui le passionne car c'est généralement là qu'on est le meilleur et que l'on a le plus à apporter. Les débuts peuvent paraître longs et fastidieux, mieux vaut écrire sur un domaine qui nous intéresse. Il faut s'armer de patience, être persévérant, régulier, ne pas hésiter à tisser des liens avec d'autres blogueurs ainsi qu'avec sa communauté.

Une fourchette de revenus générés par le blog ?

Pour l'instant le blog est jeune, cette donnée évolue chaque mois, nous n'avons pas beaucoup de recul, mais cela se situe entre 1 000 et 1 300 €, sans compter les droits d'auteurs du livre ou les activités annexes.

Canon
Every Day you inspire people you have never met

Choisir sa solution d'hébergement

Il existe de nombreuses solutions pour héberger son blog. En fonction de vos besoins, de votre volonté de développement et de votre budget, vous devrez choisir celle qui correspondra le plus à vos attentes.

Vous souhaitez un blog rapidement et simplement

Le plus rapide est de s'inscrire sur www.wordpress.com, vous allez pouvoir bloguer sans tarder. WordPress.com propose différents packages, dont un totalement gratuit, et deux autres prestations à 99 et 299$/an, avec l'accès à un peu plus de 200 thèmes.

Avec cette solution, aucun souci possible, WordPress se charge de tout, installation, hébergement, nom de domaine, optimisation, mise à jour, etc. Il ne vous reste plus qu'à rédiger les articles.

Attention, cette solution a un inconvénient majeur, elle ne vous permet pas d'installer le *template* de votre choix (vous devez utiliser l'un des 200 thèmes proposés) sur votre blog. Autrement dit, elle limite les possibilités en termes de design. Seules les couleurs et les polices d'écriture peuvent être modifiées.

Elle conviendra à celles et ceux qui ne cherchent pas à développer leur activité de blogging, mais ayant simplement envie de partager leur expérience librement tout en ayant un outil propre et fonctionnel.

Vous souhaitez pouvoir personnaliser votre blog

Il faut alors vous tourner vers les hébergements mutualisés. Cela veut dire partager un serveur avec d'autres internautes. Cette solution est payante mais a un (très) faible coût, et vous gérez ainsi un espace de stockage pour les fichiers de votre blog, et disposez d'une plus grande marge de manœuvre en ce qui concerne la personnalisation (choix du template).

En France, deux acteurs principaux se partagent ce secteur, 1&1 et OVH. Dans les deux cas, les hébergements seront suffisants pour des blogs populaires (avec pas mal de visites). Ma préférence va à OVH avec son offre pro qui propose un bon équilibre entre espace disque (stockage image, vidéo), base de données et prix. Pour un peu moins de 6 €/mois, on a un serveur qui tient la route et des services techniques de qualité (assistance, sauvegarde, service client...).

Vous souhaitez pouvoir créer un blog de A à Z

Évidemment, il s'agit là de l'option la plus intéressante en termes de développement, mais aussi celle qui demandera le plus de travail à mettre en œuvre. Selon moi, les offres proposées par OVH sont celles qui s'avèrent être le plus accessibles à ce jour, notamment la solution de serveurs dédiés : http://www.kimsufi.com/fr/. Réservée aux plus aguerris, cette gamme de serveurs reste abordable en termes de tarifs (à partir de 5 € par mois environ).

Il est par contre nécessaire de faire appel à un technicien pour l'installation et la configuration du système. Une fois cette étape passée, il suffit d'installer WordPress sur le serveur (plus d'informations sur le site : wordpress.org).

Cette option vous donne un contrôle total de votre blog. Vous aurez alors complètement la main sur celui-ci et pourrez le personnaliser à votre convenance.

Alors que choisir ?

Choisir entre ces différentes solutions d'hébergement pourrait être comparé avec le choix qu'on peut faire lorsqu'on cherche un appartement.

Avec la première solution et une plate-forme de type WordPress ou Blogger, vous choisissez un appartement meublé. Vous n'avez plus qu'à poser vos valises, mais aucun meuble ne vous appartient.

Avec la seconde solution et le choix d'un serveur mutualisé, vous pouvez, comme dans un appartement de location, personnaliser un peu plus votre espace. Vous apportez vos propres meubles et pourriez choisir de repeindre les murs, par exemple, mais vous n'iriez peut-être pas jusqu'à refaire les sols. Et si d'aventure il y avait un dégât des eaux, vous auriez la possibilité d'en référer à votre propriétaire (votre hébergeur).

Avec la troisième option, vous êtes propriétaire de votre logement. Vous pouvez décider d'abattre les murs ou changer le parquet. C'est vous qui décidez. Mais en cas de souci, vous serez seul à éponger l'inondation.

Tout dépend de vos besoins, de votre budget et de votre implication dans le blog, sachant que les deux premières solutions sont accessibles sans trop de connaissances techniques.

Les liens utiles

Acheter son nom de domaine :

https://www.gandi.net/

Solutions d'hébergement :

https://www.ovh.com/fr/index.xml

Si vous avez pour projet de développer un blog avec un objectif professionnel, le choix de votre solution d'hébergement est vraiment important. Avoir un site personnalisé, mais surtout fiable, qui saura par exemple absorber un trafic important est essentiel dans cette démarche de professionnalisation.

Design et ergonomie d'un blog

Le nom de votre blog choisi, la plate-forme et le système d'hébergement trouvés, reste à mettre en forme votre site. Avoir un blog au design soigné, clair et lisible, est en effet essentiel si vous souhaitez être pris au sérieux, pour faire valoir votre expérience auprès des annonceurs et collaborer avec des marques.

Si vous ne possédez pas de connaissances en matière de design, pas d'inquiétude. Il existe aujourd'hui de nombreuses solutions clef en main, qui permettent d'avoir en quelques clics un design simple et efficace, et ce pour quelques dizaines d'euros à peine.

Commencez par faire le tour des sites et des blogs que vous aimez. Qu'est-ce qui vous plaît et vous déplaît en eux ? Une navigation claire, un menu accessible, des couleurs particulières, un format d'images ? Listez tout ce que vous aimeriez avoir sur votre propre blog, et ce que vous souhaitez éviter. Vous poserez ainsi les bases de votre design.

Aidez-vous ensuite de Pinterest pour créer un tableau sur lequel vous épinglerez tout ce qui vous inspire. Des photos, des nuances, des ambiances, qui vous aideront à mettre des images sur vos idées. Une fois les grandes lignes de votre identité posées, à vous de chercher, parmi les différentes solutions proposées, le thème qui conviendra le mieux à vos attentes et à vos besoins.

De manière générale, voici les points qui doivent être pris en compte dans votre réflexion sur l'ergonomie et le design de votre blog :

- les couleurs,
- la navigation,
- la lisibilité (polices).

N'hésitez pas à donner un coup de frais tous les ans ou tous les deux ans, à votre blog. Il ne s'agit pas forcément d'un redesign complet, mais d'une mise à jour pour rester dans l'air du temps. À moins de revoir complètement une identité visuelle, conservez les éléments-clefs de votre précédent design (une gamme de couleurs ou votre logo), afin de ne pas perdre vos lecteurs.

Les liens utiles

http://www.bluchic.com/

http://themeforest.net/

https://www.etsy.com/

http://solopine.com/

https://flothemes.com/

Favoriser le contenu

La clef d'un blog lu et influent réside en un mot : contenu. Regardez les blogs importants. Ce qui les caractérise, c'est une solide plume et un contenu de qualité. Nul besoin d'être écrivain pour se lancer dans l'aventure du blogging, mais pour s'assurer de la fidélité de son lectorat, il y a quelques règles à suivre.

Relisez-vous !

Soignez la grammaire et l'orthographe de vos articles. Il peut bien sûr arriver de laisser passer une coquille, et personne ne vous en voudra. Mais soyez assuré que personne ne prendra plaisir à vous lire si chacune de vos phrases contient cinq ou six fautes. Et encore moins les marques et les sponsors qui préféreront confier à d'autres blogs mieux rédigés le soin de promouvoir leurs enseignes. Prenez donc quelques minutes pour vous relire avant de publier un article.

Allez à l'essentiel

Essayez d'être concis : votre message doit tenir peu ou prou en 800 caractères. Certes vous devez conserver votre style, mais un lecteur passe généralement moins de 4 minutes sur un blog à chacune de ses visites, il veut aller directement à l'information qu'il cherche. Ne lui rallongez pas volontairement le chemin.

Aérez

Soyez lisible : soignez la ponctuation et la présentation de vos textes en créant des paragraphes. Insérez des images dans vos articles pour les aérer et faciliter leur lecture.

Soyez vous !

Votre audience vous lit pour vous, vos idées et votre style. Adoptez le ton adéquat en fonction du thème de votre blog. Partagez vos idées et vos points de vue avec passion et enthousiasme, mais sans en faire trop. Oubliez les smileys ou les points d'exclamation à toutes les phrases.

Quid de la quantité ?

Les blogs les plus influents publient en général très souvent des articles, parfois même plusieurs fois par jour. Et c'est une bonne chose ! Des publications régulières vous mettront en bonne place dans l'échelle de référencement des moteurs de recherche et multiplieront les entrées et les liens vers votre site. Vous augmenterez ainsi les chances pour votre blog de se développer rapidement. Mais la quantité ne doit jamais se faire au détriment de la qualité. Mieux vaut publier moins souvent mais mieux, en prenant évidemment en compte vos objectifs de développement.

À savoir

Écrire un contenu de qualité est essentiel, mais ne suffit pas à assurer le succès d'un blog. D'autres facteurs, comme le temps, les liens, le réseau, l'influence ou la réputation constituent eux aussi les clefs de la réussite d'un blog.

Mon planning

DATE

NOTES

à terminer

À FAIRE

NE PAS OUBLIER

RENDEZ-VOUS

RENDEZ-VOUS

8h

9h

10h

11h

12h

13h

14h

15h

16h

17h

18h

19h

15 idées d'articles

1. Vos indispensables : que ce soit pour partir en voyage si vous êtes globetrotter, ou ce qui se trouve dans votre trousse à outils si vous êtes un adepte du DIY, une façon originale d'en dire un peu plus sur vous.

2. Vos cinq comptes Instagram préférés : vos lecteurs adoreront aimer ce que vous aimez, et c'est une jolie façon de soutenir votre communauté et de créer des liens.

3. Les adresses des dix blogs déco/mode/cuisine/voyage qui vous inspirent : là encore, en plus d'en dévoiler un peu plus sur vos goûts et faire découvrir de nouvelles adresses à vos lecteurs, vous créerez du lien.

4. Inspiré(e) par une couleur ou une ambiance ? Créez et partagez un tableau d'inspiration, un collage.

5. Votre recette préférée. On aime tous connaître la recette inratable de quelqu'un qu'on lit tous les jours.

6. Les meilleures adresses et vos restaurants préférés de la ville où vous vivez.

7. Accro au shopping en ligne ? Partagez vos e-shop déco/mode préféré. (Peut-être l'occasion d'établir le lien avec une marque !)

8. Créez un questionnaire en ligne, et répondez ainsi aux interrogations de vos lecteurs.

9. Un DIY spécial mains gauches ou petit budget ! Les lecteurs aiment les idées faciles à reproduire.

10. Que lisez-vous en ce moment ? Partagez vos impressions sur votre livre de chevet, ou sur un livre qui vous a marqué.

11. Beauty addict, ou orienté produits naturels et cosmétique alternative, décrivez votre routine beauté.

12. À l'approche des fêtes, partagez des listes shopping percutantes : 20 idées cadeaux à moins de 15, 30 ou 100 euros, pour lui, pour sa meilleure amie...

13. Vous avez décidé de refaire une pièce de votre appartement, ou de rénover un meuble ? Faites un avant/après.

14. Faites une rétrospective : vos 5 articles publiés préférés, ou ceux qui ont eu le plus de succès.

15. Bloguer c'est une communauté : faites le portrait d'un blogueur, d'un artisan, d'un créateur qui vous inspire.

Communiquer et faire connaître son blog

Il y a plusieurs façons de développer l'audience et le trafic de son blog. Mais une règle prédomine : il faut du temps. Les blogs à succès ne se sont pas construits en une nuit. Il y a par contre des dénominateurs communs qui vous aideront à booster vos chiffres.

Le contenu

Le contenu est l'élément primordial de votre blog. Il n'y a pas de règle absolue quant au nombre d'articles à produire pour augmenter sa visibilité. La clef est dans la régularité. Mieux vaut poster de façon régulière, trois ou quatre fois par semaine, plutôt que cinq billets une journée et plus rien pendant des semaines. Pour répartir et programmer vos publications, utilisez un plugin de calendrier de parutions comme Editorial Calendar.

Et évidemment la qualité de vos articles est essentielle. Prenez le temps de réfléchir et concevoir vos articles, relisez-vous, vérifiez vos crédits et vos sources, et ne publiez qu'une fois que vous êtes satisfait du résultat. Et rien ne vous empêche de revenir sur un article déjà publié pour l'améliorer ou le mettre à jour.

Les images

L'aspect visuel de votre blog, et notamment les images qu'il contient, sont essentiels. Des photos de qualité, dans une belle unité de couleurs, avec un style qui vous est propre, donneront elles aussi le ton de votre blog.

Utilisez des images d'une taille suffisante pour un affichage optimal sur le Web, mais qui ne soient pas trop lourdes afin d'éviter de ralentir le temps d'affichage de votre blog. Un fichier de 1 000 pixels de large, en 72 dpi, est largement suffisant pour un affichage sur le Web. Si besoin, modifiez-en le format grâce à des logiciels comme Paint, Gimp ou Photoshop.

Astuce

Pour améliorer votre référencement, pensez à nommer correctement vos fichiers. Utilisez des mots-clefs, et mentionnez les crédits de votre blog dans le titre de vos images. Elles seront ainsi mieux référencées sur Google images, et ressortiront d'autant mieux dans les moteurs de recherche.

Le nom de votre fichier ne doit contenir ni espace, ni caractère spécial. Choisissez ainsi de nommer votre image : « recette-de-tarte-au-citron-inratable-mon-joli-blog.jpeg » plutôt que « Mon dessert préféré.jpeg » ou encore « Bdfje345-45.jpeg ».

Interagir avec la communauté

Malgré l'aspect mondial et global d'Internet, travailler à l'échelle d'un blog signifie la plupart du temps évoluer dans une petite communauté. Il ne faut pas négliger les relations avec les lecteurs mais aussi avec les autres blogueurs. Prenez le temps de répondre aux commentaires laissés sur votre site. Les lecteurs aiment savoir qu'ils sont lus, que vous prenez le temps de répondre à leurs questions et prenez en considération leurs remarques.

Prenez également le temps de commenter les blogs que vous lisez. Posez des questions, soyez pertinent. Engagez la discussion, favorisez l'échange. N'oubliez pas de laisser dans la case appropriée l'URL de votre blog, mais ne spammez pas les conversations. Non, on ne poste pas de commentaire simplement pour faire la promotion de son propre blog. La relation se construira de façon naturelle. Vous verrez ainsi les visites, mais aussi les commentaires sur votre blog se multiplier.

Les articles invités ou guest posts

Vous aimeriez développer votre audience ? Vous suivez quelques blogs importants dans votre domaine, pourquoi ne pas les contacter et leur proposer de rédiger un article pour eux sur leur blog ? En plus de proposer un contenu inédit de qualité, ça peut être un bon moyen de vous faire connaître auprès d'un nouveau lectorat. Attention cependant à attendre d'avoir déjà un peu de contenu sur votre propre blog, à bien cibler vos demandes, et à proposer ce genre de

collaboration à des blogs pertinents dans votre démarche de développement. Cela peut être des blogs de référence dans votre domaine, avec une audience plus importante que la vôtre, mais aussi des blogs de niveau équivalent au vôtre.

Veillez à toujours rester dans une démarche respectueuse d'échange mutuel et d'honnêteté. Rien de pire que de sembler n'être là que pour promouvoir son propre travail au détriment de vos interlocuteurs.

Ces articles invités peuvent être rémunérés ou non selon les blogs auxquels vous les proposez. Mais, dans un premier temps, si vous souhaitez faire connaître votre blog, n'hésitez pas à voir cela comme un échange de bons procédés, et à proposer ces guest post de façon gratuite.

Les événements liés au blogging

Les conférences et autres événements dédiés au networking pour les blogueurs se développent. Ne manquez pas l'occasion de rencontrer d'autres blogueurs pour échanger autour de vos passions communes.

Les liens entrants

Un des meilleurs moyens pour favoriser le développement de son blog et de construire sa notoriété est de favoriser les liens provenant de sites référents et à la notoriété établie, renvoyant vers votre site. Là encore, c'est la qualité de votre contenu qui donnera envie à ces influenceurs de vous citer et de renvoyer leurs lecteurs vers vous.

Les liens entrants favorisent votre référencement par les moteurs de recherche en plus de générer de façon naturelle du trafic vers votre blog.

Le link baiting

Titres accrocheurs et contenu qui peut finalement laisser à désirer, la technique du link baiting consiste à appâter vos lecteurs avec un titre fort, et un article en lien avec des tendances fortes qui ont cours sur la toile. Grâce à des outils comme Google Trends, vous pouvez concevoir des articles liés à l'actualité ou aux thèmes populaires sur une période donnée. Une technique qui peut s'avérer efficace pour apporter du trafic à court terme, mais qui ne dure pas dans le temps. Mieux vaut miser sur de beaux articles plutôt que sur du sensationnel vide de sens. À éviter !

Les réseaux sociaux

Utilisez les réseaux sociaux pour rester connecté à votre audience et pour tisser des liens avec le reste de la communauté des blogueurs. Partagez votre contenu, mais aussi le leur. C'est le meilleur moyen pour qu'ils fassent de même avec vos articles.

N'oubliez pas d'y partager vos actualités, les nouveaux articles que vous publiez, vos trouvailles et vos coups de cœur. Adaptez votre message en fonction de la plate-forme que vous utilisez : Twitter pour les messages courts, Facebook quand vous avez besoin de plus d'ampleur. Veillez toujours à publier une actualité avec une image, celles-ci ayant plus d'impact auprès des lecteurs.

Ne postez pas exactement le même message sur les différentes plates-formes, adaptez-les, et publiez-les à différents moments de la journée, en fonction de ce que vous aurez pu observer de la réactivité de votre audience. Par exemple, les statuts comportant une image sont plus facilement partagés sur Facebook, et les messages courts et percutants sont adaptés à Twitter.

Utilisez les outils statistiques de Facebook (www.facebook.com/nomdevotrepage/insights) pour en savoir plus sur la portée de vos publications et l'engagement de votre lectorat. Et saviez-vous qu'en tapant www.pinterest.com/source/votresite.com dans votre barre d'adresse, vous pouvez accéder aux images épinglées en dernier depuis votre site ? Un moyen très utile de savoir quels visuels attirent l'intérêt de vos lecteurs.

Quant à savoir quel moment de la journée est plus propice pour partager sur les réseaux sociaux, cela dépend beaucoup de votre thème et du type de lectorat de votre blog. De manière générale, il y a quelques moments-clefs dans la journée : l'heure du petit déjeuner (autour de 7h30), l'arrivée au bureau (vers 9h), la pause déjeuner (vers 12h30), juste avant dîner (autour de 19h), et avant le coucher (vers 22h). Si vous y réfléchissez, ne sont-ils pas les moments précis où vous-même surfez sur les réseaux sociaux ?

Astuce

Utilisez l'outil de programmation des publications de statuts proposé par Facebook, vous pourrez ainsi préparer vos publications à l'avance et gérer votre temps plus efficacement.

Pour ce faire, rédiger votre statut, et cliquez sur la flèche à droite du bouton Publier, puis sélectionnez Planifier la publication, et choisissez la date et l'heure auxquelles votre statut sera publié.

Écrire par passion

Tenir un blog et le faire grandir ne se fait pas sans motivation. Vous devez aimer votre sujet, être curieux, vous intéresser aux nouveautés, rencontrer les principaux acteurs du marché. Si vous parlez avec passion de votre sujet, nul doute que vos lecteurs auront eux aussi envie d'en savoir plus. C'est votre enthousiasme, votre capacité à le communiquer, votre personnalité et votre style qui rendent votre blog unique et qui vous permettent de sortir du lot.

Maintenir un blog et l'alimenter avec toujours la même envie nécessite que vous y consacriez du temps. Pour rester dans la course, vous devez sans cesse approfondir vos connaissances, et apparaître en tant qu'expert.

Continuer à apprendre

Au fur et à mesure du développement de votre blog, vous devrez apprendre à vous servir de nouveaux outils, appréhender de nouveaux médias, ou utiliser de nouveaux matériels : par exemple savoir mieux vous servir d'un appareil photo pour réaliser des clichés de meilleure qualité, ou encore utiliser un logiciel de traitement photo plus pointu, comme Lightroom.

Pensez aussi aux formations en matière de blogging ou de logiciels, nombreuses sur Internet (elles coûtent généralement quelques dizaines d'euros), ou simplement prenez le temps de suivre les tutoriaux gratuits mis à disposition sur la toile.

Rédiger une page « À propos » pertinente

Un blog, c'est un peu plus qu'un simple site web. C'est un espace personnel, et c'est justement ce côté personnel qui plaît aux lecteurs. C'est une expertise particulière, et une certaine proximité. C'est pourquoi votre page « À propos » est essentielle et doit refléter votre personnalité !

Elle doit être régulièrement mise à jour. Vos nouveaux lecteurs et les pros qui vous contacteront passeront forcément par cette page. Elle doit donc vous mettre en valeur et donner envie de vous contacter.

Voici quelques astuces.

- Votre page « À propos » doit être accessible et facile à trouver sur votre blog. En haut de votre sidebar, ou dans le menu principal, on doit pouvoir y accéder en un clic.
- Présentez-vous et utilisez votre nom ou un alias. C'est toujours plus engageant de découvrir l'univers de quelqu'un que l'on peut identifier. Que ce soit votre prénom, votre prénom + votre nom de famille, ou juste un pseudo, l'idée est que les gens puissent savoir qui ils viennent lire tous les jours.

- Votre blog, c'est vous ! Et les lecteurs qui aiment votre blog ont envie de vous connaître. Utilisez une jolie photo de profil qui vous met à votre avantage. Et si vous souhaitez conserver un peu d'anonymat, pourquoi ne pas utiliser une illustration personnalisée, ou une photo de vous enfant par exemple. L'important, c'est de tisser un lien et de permettre à votre audience de vous connaître un peu mieux.
- Votre parcours, ou votre histoire, quelques mots qui détaillent le pourquoi de votre blog. Vous avez surement commencé à écrire pour quelque chose ? Partagez-le !

Vous connaissez le principe de *l'elevator pitch*, ces deux phrases qui permettent de vous présenter à un total inconnu le temps de deux étages en ascenseur ? Utilisez cette astuce lorsque vous rédigez le synopsis de votre blog, un petit paragraphe qui explique votre site : « Elles bloguent, c'est un blog de fille qui parle aux filles qui ont un blog. Un endroit où trouver des astuces, des adresses et des conseils pour avancer dans l'aventure du blogging. » Vous voyez l'idée ?

- N'oubliez pas de mentionner d'autres pages de votre blog. Une page « Questions fréquentes », un article préféré, un shop ? Parlez-en aussi !
- Restez simple, oubliez la troisième personne et ne soyez pas trop formel. Vous êtes sur votre blog, pas en train de passer un entretien d'embauche. Soyez vous-même !
- Encouragez vos lecteurs à vous contacter si besoin, et mentionnez une adresse e-mail.

Se positionner en tant qu'expert

Vous avez défini une niche, avez trouvé votre style et commencé à développer votre audience. Votre connaissance d'un domaine donné, d'un marché, appuyée peut-être par des études ou une première expérience, vous amène à évoluer dans un secteur dans lequel votre avis a de l'importance. Pour vos lecteurs, mais aussi pour les marques cherchant à toucher vos lecteurs, à en faire des clients potentiels. C'est cette connaissance qui fait de vous un expert, et c'est cette position d'expert qui fera que vous plutôt qu'un(e) autre serez contacté(e) par une marque, ou un service cherchant à promouvoir son produit auprès de votre lectorat.

En tant qu'expert, vous savez de quoi vous parlez, et votre communauté a confiance en votre avis. C'est cette confiance qu'il vous faudra mettre en avant auprès des marques ou des services de votre secteur.

Jesus Sauvage

www.jesus-sauvage.com

Sandra, alias Jesus Sauvage, est la maman un peu créative de deux petits garçons. Depuis la découverte de l'autisme de son plus petit, elle a fait le choix de l'accompagner quotidiennement et d'être le plus disponible possible pour ses enfants. Ses projets et ses journées s'organisent donc en fonction d'eux. Elle tisse, crochète, bricole un peu sur tous supports, elle aime les jolies photos et les belles mises en scène. Et parce que la création lui permet de garder un certain équilibre et de s'épanouir personnellement, c'est tout naturellement qu'elle a développé le blog pour partager davantage avec ses lecteurs Instagram. Un an après, elle a eu envie d'ouvrir un petit shop, Trésors Inutiles, juste par plaisir.

Que partages-tu sur ton blog ? Qu'est-ce qui plaît le plus à tes lecteurs ?

Je partage un peu de tout, un peu de lifestyle, de DIY et des coups de cœur et, depuis peu, des recettes en collaboration avec mon amie Cindy. C'est au gré de mes envies et de mon inspiration. Je crois que mes lecteurs les plus fidèles sont attachés à moi, à notre famille et à notre histoire. Les articles où je dévoile un peu de nous semblent les toucher. Ensuite les articles DIY, qui ont bien sûr toujours du succès. Les recettes plaisent également, même si nous n'en sommes qu'au début. En règle générale, je pense que ce sont les photos et la présentation soignée qui font l'unanimité.

Combien d'articles publies-tu chaque semaine ?

J'ai malheureusement peu de temps à consacrer au blog, et j'aime écrire des articles avec du contenu, des photos léchées, je ne sais pas faire autrement. Cela me prend beaucoup de temps. Je blogue ***donc peu, seulement quand j'ai vraiment quelque chose à partager et que j'ai pris le temps de le faire bien. Si je publie un article par semaine, c'est déjà bien pour moi. Mais je ne m'y tiens pas toujours.***

Quel temps consacres-tu au blog et à ta communauté chaque jour ?

C'est difficile à quantifier, je navigue par bribes dans la journée, quand j'ai un peu de temps de disponible, mais ce qui est certain c'est que j'y consacre du temps chaque jour de la semaine, plus ou moins longtemps.

Quels conseils donnerais-tu pour créer une ambiance cohérente en termes de style ?

J'ai mis quelque temps à trouver le style qui me correspondait. Au départ, on tâtonne, on essaie, et puis on se prend au jeu de la mise en scène et des jolies photos. C'est venu petit à petit, à force d'aiguiser mon œil, de m'inspirer ici et là. De fil en aiguille, je me suis améliorée, j'ai investi dans du matériel photo de qualité. Je suis perfectionniste et exigeante avec moi-même, alors chaque mise en scène et chaque photo me prend du temps. Mon conseil serait donc d'y consacrer le temps nécessaire, de privilégier la qualité à la quantité et d'être exigeant en termes de qualité photo. Les belles images font la cohérence pour moi. Et surtout d'y mettre du cœur en restant fidèle à soi-même, en ne faisant que ce que l'on aime, d'abord par plaisir, sans contraintes.

Comment envisages-tu la monétisation de blog ?

J'ai ouvert ce blog parce que je manquais de place sur Instagram pour développer certaines idées, pour en offrir d'avantage à mes lecteurs. Je n'ai pas pensé une seconde à sa monétisation. Aujourd'hui je sais qu'il pourrait être source de revenus, mais souvent au détriment du plaisir, de la spontanéité et de l'authenticité. Parce que la plupart du temps, les propositions ne correspondent pas à mon univers et sont pauvres en contenu, j'ai fait le choix d'accepter uniquement les choses qui me plaisent vraiment et qui me permettent de m'amuser en termes de stylisme et photos, tout en étant cohérentes avec le reste. Elles sont, pour le coup, rarement rémunératrices. Ce n'est pas important pour moi, le plaisir d'abord !

Comment utilises-tu ton blog pour promouvoir tes créations et ta boutique ?

Toutes mes créations sont réalisées avec le cœur, elles ont une histoire, un commencement, un pourquoi, un comment. J'aime pouvoir en parler, expliquer à ceux qui me suivent d'où elles sont nées et quel plaisir j'y ai pris. Je trouve que ça leur confère un caractère personnel et unique, c'est important pour moi. Ce ne sont pas de simples objets, de simples projets, de simples photos, c'est une partie de moi, de ce que je suis, elles me racontent aussi. C'est donc tout naturellement que j'en parle sur mon blog.

Tu es très active sur les réseaux sociaux, notamment Instagram. Est-ce que cela modifie ta façon de bloguer ?

Contrairement à beaucoup de blogueuses, j'ai d'abord commencé sur Instagram. L'accroissement de ma communauté et les encouragements que j'y ai reçus m'ont amené à bloguer. Avant ça, je n'étais pas certaine d'avoir grand-chose à dire et à

En quelques chiffres

Date de création :

juillet 2013

Followers :

Facebook : + 6 000

Instagram : + 72 200

Pinterest : + 22 000

Pages vues par mois :

+ 45 000

apporter avec un énième blog. Instagram est pour moi un réseau social composé de gens bienveillants dans leur grande majorité, mais également un très beau terrain de jeu et d'entraînement en termes de composition et de photos. Si aujourd'hui l'univers de mon blog est visuellement cohérent et harmonieux, c'est aussi grâce à Instagram. Et s'il permet de relayer chaque post de façon significative, je pense qu'il a également modifié la façon d'interagir de beaucoup de lecteurs. Ils laisseront plus facilement un commentaire sur un post Instagram que sur le blog parce que finalement aujourd'hui ils y sont plus souvent, c'est devenu plus naturel et plus rapide.

Le blog t'a-t-il permis de faire des rencontres professionnelles ?

Le blog ouvre de jolies portes et apporte de belles opportunités, parce qu'il permet d'exposer plus largement son travail et sa créativité. C'est une vitrine qui, si elle est bien relayée, sur des réseaux comme Facebook, Hellocoton ou Instagram, offre une belle visibilité. Pour ma part, je reçois beaucoup d'offres de collaboration. Je fais ensuite des choix en fonction de mes disponibilités et de mes goûts.

As-tu en tête de nouveaux projets pour développer ta boutique et ton blog ?

Après le relooking du blog, je travaille actuellement sur une nouvelle boutique, sur laquelle je pourrais m'amuser un peu, un support plus original et plus proche de moi. J'aimerais notamment y proposer de nouvelles créations en collaboration avec des artistes que j'admire. Pour l'un comme pour l'autre, j'ai envie d'ouverture et de partage d'espace et d'idées. Grâce aux différents réseaux sociaux, j'ai fait de belles rencontres pouvant faire naître de jolies choses sur ces deux supports.

Faire de son blog une source de revenus

Comprendre et analyser ses statistiques

Afin d'illustrer vos propositions auprès de potentiels sponsors et marques, vous aurez à fournir un certain nombre d'éléments. Les chiffres sont ici essentiels. Ce n'est pas tant une question de quantité, puisque même des « petits » blogs peuvent être amenés à proposer des articles sponsorisés ou des encarts publicitaires, mais une question de pertinence.

Le nombre d'abonnés ne détermine pas votre capacité à engager une communauté, et donc de générer des revenus de votre blog. Même avec peu d'abonnés par rapport à d'autres, même avec quelques centaine de « J'aime », vous pouvez avoir de l'influence. À partir du moment où votre avis compte pour des lecteurs, vous avez un potentiel à exploiter, et une pertinence pour les marques qui auront envie d'utiliser votre influence pour toucher de nouveaux clients.

Où trouver les statistiques de son blog ?

Le plus simple, pour disposer de vos chiffres, est d'utiliser Google Analytics. Cet outil de statistiques est un tableau de bord essentiel pour connaître ses chiffres. Qui plus est, il est totalement gratuit. Il permet à chacun de connaître le nombre de visiteurs sur son site, les sources de trafic, le temps passé sur chacune des pages, etc. Afin que le moteur de recherche référence et analyse les données de votre site, il faut installer un morceau de code (script) sur chacune des pages de votre blog.

Comment faire ? Il faut un compte Google avec une adresse Gmail. Créez-en un si vous n'en avez pas. Créez ensuite un compte sur Google Analytics (www.google.com/analytics) et suivez le process d'inscription. Vous obtenez un code à insérer dans vos pages. Validez enfin la procédure dans Google Analytics. Vous pourrez dès le lendemain consulter les informations de trafic de votre blog.

Des plugins vous permettent également de lier votre blog avec votre compte Google Analytics et se chargent de tout le processus de validation pour vous (https://yoats.com/wordpress.plugins/google-analytics/).

Comment interpréter ses statistiques ?

Plusieurs outils d'analyse de statistiques sont disponibles, et Google Analytics répond à la plupart des besoins des blogueurs en termes de chiffres et de données. Voici les plus intéressantes.

- **Visites :** une visite correspond à la consultation d'au moins une page au cours d'une session. Ce sera probablement le chiffre le plus grand de vos outils analytiques.
- **Visiteurs uniques :** cette donnée permet de savoir combien d'individus uniques auront accédé à votre site sur une période donnée. C'est l'un des chiffres-clefs des statistiques.
- **Visiteurs réguliers/connus :** ou *returning visitors* en anglais. C'est le nombre de visiteurs qui reviennent consulter votre blog sur une période donnée. Cet élément peut être intéressant si l'on est dans une démarche de fidélisation de l'audience par exemple.

- **Pages vues :** c'est une des données principales lorsque l'on parle des chiffres d'un blog. Ainsi, compte comme page vue chaque page sur laquelle se rend le lecteur sur votre blog. Ce chiffre intéresse les annonceurs, puisque que plus les pages d'un blog sont vues, plus un encart a par exemple de la chance d'être vu d'un lecteur.
- **Pages/Session :** ce chiffre vous indique le nombre moyen de pages vues par session, même si une page est vue plusieurs fois durant une même session.
- **Pages les plus vues :** cette indication vous permet de connaître précisément les pages les plus populaires de votre site.
- **Taux de rebond :** ce taux permet de quantifier le pourcentage de visiteurs quittant votre site après avoir accédé à la première page de celui-ci. Ce peut être parce qu'ils y ont immédiatement trouvé l'info recherchée, ou parce que justement ils se sont rendu compte que votre site ne correspondait pas à leurs attentes. Le taux de rebond n'est pertinent en termes d'analyse qu'en fonction d'autres critères, comme le temps de consultation, et il dépend du contenu de votre site.

  En moyenne, le taux de rebond d'un site se situe autour de 50 %. Ce qui veut dire qu'un visiteur sur deux a quitté votre page, sans avoir réalisé la moindre action à l'intérieur de votre site (cliquer sur une nouvelle page, accéder à une catégorie...). Sur un blog, dans le cas d'un lecteur régulier, il viendra simplement lire votre dernier article puis quittera votre blog sans faire aucune action. Puisqu'il le connaît déjà, il n'aura pas forcément d'intérêt à approfondir sa visite.

  En revanche, si sur votre page d'accueil, vous avez mis en place un système de lecture d'article sous forme d'extrait *(excerpt)*, avec un bouton Lire plus, sous chacun de vos posts, et que votre taux de rebond est élevé, cela peut vouloir dire que vos visiteurs ne prennent pas la peine de lire la suite de vos articles.
- **Sites référents :** il est intéressant de savoir d'où provient votre trafic, notamment de quels sites il provient. N'hésitez pas à consulter et commenter les blogs qui mentionnent votre propre blog et redirigent les lecteurs chez vous.
- **Mots-clefs :** les outils de type Google Analytics vous permettent d'identifier les mots et les phrases-clefs qui ont permis aux lecteurs d'arriver sur votre blog.

Les différents outils de statistiques vous permettront également de connaître le type de navigateur utilisé par vos lecteurs, s'ils accèdent à votre blog via un ordinateur ou un mobile, leur origine géographique... Autant de données qui peuvent vous permettre d'optimiser votre blog, mais aussi de mettre en avant sa pertinence auprès de potentiels annonceurs.

Analyser ses statistiques

Ces différents chiffres et données en tête, utilisez-les pour optimiser votre blog. Pinterest est votre première source de visiteurs ? Soignez encore plus la qualité de vos images, les légendes de vos photos et le design de vos visuels.

Ces éléments ont mis en avant des catégories d'articles qui semblent plus particulièrement plaire aux lecteurs ? Développez-les et répondez ainsi à la demande.

Utilisez aussi vos statistiques pour déterminer quels jours et quel moment de la journée sont les plus propices à la réception et au partage de votre contenu.

Vos statistiques mettront également en lumière du contenu peu consulté, qui mériterait d'être revu, corrigé ou optimisé afin de le rendre plus pertinent pour vos lecteurs.

Si ces chiffres sont importants, il est d'autant plus essentiel de ne pas s'y perdre. Évitez de tomber dans le piège de regarder vos statistiques tous les jours. Surtout au début ! Concentrez-vous sur le contenu, ça ne pourra être que bénéfique sur votre trafic par la suite.

Monétiser son blog en 3 étapes

De nombreuses personnes imaginent qu'avoir un blog peut très vite être très rentable d'un point de vue financier. Certes, c'est un média facile d'accès et qui a un fort potentiel de diffusion, mais une chose est sûre, rien n'arrive du jour au lendemain. Et sauf grandes exceptions, rares sont les blogueurs vivant rapidement de façon très confortable de leur blog.

Néanmoins, il est plutôt simple de monétiser son blog et d'en faire une source de revenus régulière. Imaginons la progression des revenus d'un blog en termes de paliers.

1. Dans un premier temps, la monétisation de votre blog doit être envisagée pour couvrir les frais de maintenance de votre site : l'achat d'un nom de domaine, l'hébergement, les cartes de visite.

2. Une fois ces premiers frais couverts, vos gains pourront vous servir à développer votre blog : un changement de design, les achats de matières premières nécessaires à la réalisation de vos articles, les déplacements, l'achat de matériel comme un ordinateur ou un appareil photo, l'investissement dans de la publicité sur d'autres sites... Cette deuxième phase vous permettra d'augmenter le potentiel de votre blog en réinvestissant directement vos revenus pour lui.

3. Ensuite, les bénéfices générés par votre blog pourront vous permettre d'externaliser un certain nombre de postes : un comptable, un agent, des contributeurs réguliers, et même, pourquoi pas, dégager un salaire ou embaucher.

Évidemment, ces différents paliers dépendent des projets que vous avez en tête. Et on peut très bien imaginer que, dans le cas où vous ne souhaitiez pas en faire un métier, le fait de générer des revenus grâce à votre blog vous permette simplement de couvrir les frais de fonctionnement et d'apporter un petit complément de revenus. Et ça aussi, c'est plutôt positif.

Quoiqu'il en soit, la clef de la génération de revenus via un blog réside dans la diversification des sources de ces gains. Encarts, affiliation, collaborations, rédaction de contenu, vente de produits, formations en ligne, c'est en multipliant les activités que votre site deviendra une affaire rentable.

Comment sont rémunérés les encarts ?

La publicité et l'affichage d'encart est un des moyens les plus simples pour générer de l'argent avec son blog. Chaque espace de votre site peut potentiellement devenir monétisable, mais c'est à vous de déterminer pour quels types d'affichages vous opterez afin de ne pas gêner le lecteur dans la consultation de vos articles. Gardez également en tête que si l'affichage d'encart peut être une bonne source de revenus, elle ne fera pas de vous une personne riche.

Il existe différents types de rémunération pour les encarts.

L'encart rémunéré au CPC (coût par clic) : l'annonceur rémunère le blogueur chaque fois qu'un lecteur clique sur son encart. Le taux de clic moyen est d'environ 0,5 %, soit 5 clics pour 1 000 affichages.

L'encart rémunéré au CPM (coût pour mille impressions) : l'annonceur rémunère le blogueur en fonction du nombre d'impressions de son encart. On entend par « impression » les apparitions de l'encart sur l'écran des lecteurs. Par exemple, si l'encart apparaît 74 000 fois/mois sur votre blog, l'annonceur vous devra 74 fois le CPM dont vous aurez au préalable défini le taux de rémunération. Avec un CPM à 1 €, votre encart vous rapportera 74 €.

L'encart rémunéré au CPA (coût par action) ou CPL (coût par lead) : une campagne au CPA est une campagne rémunérée lorsque l'internaute réalise une action, souvent un achat. C'est une campagne à la performance. Plus vos lecteurs auront réalisé d'achats via votre encart, plus celui-ci vous rapportera.

L'encart rémunéré au forfait : le tarif de l'affichage de l'encart est déterminé à l'avance, pour une durée donnée, à la semaine, au mois, au trimestre, au semestre ou à l'année. Il est possible de mettre en place un tarif dégressif si l'annonceur opte pour un affichage de plusieurs mois.

Exemple

Formule : 1 euro pour 1 000 pages vues par mois.

Pour un blog comptant 48 000 pages vues par mois :

1 × (48 000 / 1000) = 48 euros par mois.

Les différents types d'encarts

Les encarts sont proposés sous différents formats, en général standardisés.

La publicité contextuelle : elle est mise en place en fonction du contexte de la page sur laquelle elle est affichée, collant ainsi au plus près des attentes de l'individu exposé au message et multipliant de fait les chances de réponse de celui-ci face au produit ou service mis en avant. Elle peut être présente sous forme d'image, de texte ou de vidéo. Les publicités contextuelles sont en général rémunérées au CPC et sont proposées par les régies publicitaires comme Google Adsense par exemple.

Pour être rentables, les encarts affichant de la publicité contextuelle doivent apparaître sur des sites ayant un trafic important. Ils doivent également intervenir dans le cadre d'articles extrêmement ciblés pour correspondre au plus près aux sujets abordés.

Les bannières : ces images rectangulaires, animées ou non, renvoient directement le lecteur vers le site de l'annonceur.

Les boutons : généralement au format 125 × 125 pixels, les boutons sont un format populaire d'encart sur les blogs, souvent placés dans la sidebar de celui-ci, par groupe de 2, 4 ou 6 boutons.

Les vidéos et les podcasts

Les vidéos ont le vent en poupe sur les blogs, notamment sur les blogs mode et beauté. Les plates-formes de vidéos, telles que YouTube ou encore Vimeo, permettent véritablement de développer son audience, auprès de ses lecteurs, mais aussi des utilisateurs desdites plate-formes et de percevoir de l'argent. Sur YouTube, les vidéos peuvent rapporter 1 € pour 1 000 vues, voire plus lorsque les chaînes comptent de nombreux abonnés, la plate-forme proposant au cas par cas des contrats de rémunération. À condition d'être bien réalisées, les vidéos sont un vrai atout pour qui rédige un blog. Les podcasts quant à eux peuvent être un vrai plus sur les blogs de formation ou de développement personnel, et viennent enrichir le contenu écrit.

La bannière verticale : appelée aussi *skyscraper,* la bannière verticale adopte un format rectangulaire plus étroit que haut, qui se développe également dans la sidebar d'un blog.

L'intersticiel : ce format d'encart occupe l'ensemble d'une page web recouvrant ainsi entièrement le site sur lequel il est présent. L'interstitiel est une page web qui se charge avant l'arrivée de la page d'accueil d'un site ou entre deux pages d'un même site, pendant la transition, et qui disparaît en quelques secondes.

L'habillage de site : ce format de publicité consiste à habiller intégralement le fond d'un blog, pour y faire apparaître un logo ou un message publicitaire, dans le cadre d'un lancement de produit par exemple. Si ce format peut s'avérer rentable au vu de son format et de sa visibilité (il recouvre l'ensemble de la page, sous le contenu du blog), il ne faut pas moins l'utiliser avec très grande parcimonie pour ne pas risquer de lasser son lectorat.

Le pop-up : il apparaît au chargement d'une page. Il fonctionne avec ce que l'on appelle un *capping,* c'est-à-dire un nombre limité de chargements par utilisateur quel que soit le nombre de fois où la page sera chargée pour une même session. Étant donné son aspect intrusif, ce format est à bannir, il est d'ailleurs souvent bloqué par le système anti pop-up que les internautes sont en mesure de mettre en place sur leur navigateur.

Qui gère les publicités ?

Pour gérer l'affichage de ces encarts et des différentes campagnes publicitaires sur votre blog, il existe plusieurs solutions.

La régie publicitaire

Ces plates-formes, sur le principe par exemple de Linklift, Aufeminin ou encore Glam Media, gèrent pour vous, en fonction de votre secteur d'activité, votre relation avec une liste réduite d'annonceurs, qui afficheront sur votre blog, un encart dans un espace défini par vos soins (dans la sidebar, en haut, ou en bas de votre site).

La rémunération se fait au CPC, au CPM (coût par mille vues) ou au CPA (coût par action). L'adhésion se fait sur candidature, en fonction de la cible, et des chiffres de fréquentation.

À savoir

Si vous passez par une régie publicitaire, prenez soin de bien définir le type de publicités sélectionnées pour être affichées sur votre site. Ce serait dommage de voir vos efforts pour construire un blog pertinent et agréable diminués par des encarts non ciblés qui finiraient par agacer vos lecteurs.

Google Adsense

C'est la régie publicitaire de Google. Même principe qu'une régie publicitaire, mais à une échelle bien plus grande évidemment. Là aussi, votre secteur d'activité est défini, mais vous ne connaissez pas les annonceurs affichés sur votre site.

En direct

Vous pouvez également mettre à disposition d'annonceurs ciblés, en fonction de votre secteur d'activité, des encarts dont vous aurez vous-même défini les tarifs. Ce circuit court vous permet d'éviter les commissions et vous donne la liberté de choisir les partenaires avec qui vous collaborez.

C'est le moyen le plus rentable et à mon sens le plus efficace, en tout cas au départ, pour gérer les encarts publicitaires sur votre blog, notamment lorsque vous êtes en contact avec des petites enseignes et artisans de votre secteur qui ne passent pas par les régies publicitaires pour promouvoir leur travail. Dans ce cas, cherchez leur adresse e-mail et contactez-les directement pour leur parler de votre blog et des partenariats que vous pourriez mettre en place ensemble.

En gérant vous-même les affichages, vous êtes capable de déterminer le format, le visuel, et le tarif de vos encarts. Vous percevez ainsi la totalité du prix de votre encart et contribuez également à développer le réseau dans lequel vous évoluez en mettant en avant le travail de créateurs.

En bref...

Si l'affichage d'encarts publicitaires sur votre blog peut s'avérer rentable sur le long terme, il ne faut pas moins oublier que le confort de votre lectorat doit toujours primer.

Évitez de transformer votre blog en panneau d'affichage, et veillez à limiter le nombre d'encarts sur votre site. Vous pouvez même en faire un argument de vente puisque le fait de réduire le nombre d'encarts confère aux annonceurs qui afficheront chez vous une certaine exclusivité.

Difficile de savoir ce qui convient à sa façon de bloguer lorsqu'on se lance. Le plus simple est alors de se fier à ses propres habitudes d'internaute (je trouve par exemple les encarts générés par Google Adsense souvent inesthétiques, j'ai donc choisi de ne pas en utiliser sur mon blog), à son secteur d'activité (mon secteur, le mariage, regroupe essentiellement des artisans et petits créateurs, je travaille ainsi principalement en direct avec eux concernant l'affichage de mes encarts).

L'affiliation

Il existe des plates-formes dédiées (voir l'encadré liens utiles), auxquelles il faut candidater, pour mettre en place de l'affiliation sur votre blog. Cela consiste en la promotion des produits ou services de l'affilieur en échange d'un pourcentage des ventes, via l'insertion de liens ou d'encarts par exemple. Elle peut prendre différentes formes : textes, images ou vidéos. Les pourcentages perçus (entre 5 et 9 % du montant) n'impactent pas les montants des achats effectués par l'acheteur. L'avantage : pas besoin de justifier de beaucoup d'expérience ou de trafic pour mettre en place un système d'affiliation.

Une seule règle : toujours présenter des produits en lien avec votre ligne éditoriale et uniquement dans l'optique de présenter un contenu pertinent pour les lecteurs. Proposer des produits tels que les vêtements ou le maquillage sera très intéressant pour les blogueuses mode et beauté, par exemple. L'affiliation peut ainsi se révéler extrêmement rentable pour les blogueurs spécialisés mettant en avant des produits grand public.

Contrairement à d'autres formes de monétisation, l'affiliation peut réellement apporter un plus à votre blog si l'on considère le fait qu'elle permet au blogueur de promouvoir des produits et des services en rapport avec son domaine, et donc en lien direct avec les attentes de son audience.

Plusieurs plates-formes d'affiliation existent, mettant en avant de nombreuses marques. Il ne faut pas hésiter à s'inscrire à plusieurs d'entre elles, voir quels programmes correspondent le mieux à votre façon de bloguer, et suspendre celles qui, au final, ne vous rapporteraient pas assez.

Astuce

Pensez à régulièrement mettre à jour vos liens affiliés, afin qu'aucun n'arrive sur des pages d'erreur, ou des pages sans rapport avec le produit mentionné.

Certaines marques proposent, en dehors des plates-formes d'affiliation, leur propre système de liens affiliés. N'hésitez pas à vous renseigner auprès de vos marques préférées.

Comment rendre l'affiliation plus efficace ?

CHOISISSEZ soigneusement l'endroit où vous placerez vos liens affiliés. Par exemple, vous tenez un blog mode et postez les images d'un look. Placez des liens affiliés afin de renvoyer les lecteurs vers les boutiques où trouver les vêtements mentionnés dans votre article. Vous indiquez ainsi les bonnes adresses à vos lecteurs, tout en percevant un petit pourcentage sur chaque vente. Ces liens seront plus « cliqués » car ils sont pertinents, ils seront donc plus rémunérateurs pour vous que s'ils étaient placés dans le footer.

Les liens ne gênent pas la lecture de vos articles, mais vous pourrez les afficher dans une couleur différente de vos liens classiques, par exemple, pour avertir vos lecteurs

N'hésitez pas, pour booster les revenus issus de l'affiliation, à réaliser des billets « wish-list » liés au calendrier, comme pour Noël, ou la Saint-Valentin, ou encore à imaginer des sélections shopping ciblées.

Les liens utiles

http://www.zanox.com/fr/

http://www.effiliation.com/

https://affiliate-program.amazon.com/

https://www.rewardstyle.com/

http://marketing.rakuten.com/affiliate-marketing

https://www.ebaypartnernetwork.com/files/hub/fr-FR/index.html

http://society6.com/curator

Les articles sponsorisés

Longtemps dénigré dans la blogosphère, l'article sponsorisé peut, si il est correctement amené, être à la fois bénéfique au blogueur, et tout à fait pertinent pour le lecteur. Le principe ? Une marque paie une certaine somme au blogueur qui, en échange, fera la promotion d'un produit ou d'un service de cette marque sur son blog. Les articles invitent ainsi les lecteurs à visiter le site de l'annonceur, souvent via des mots-clefs utilisés sous l'impulsion de ce dernier.

La rémunération se fait à l'article, ou peut prendre la forme d'un produit offert au blogueur. Les commandes d'articles viennent soit d'une marque directement, soit via une agence qui la promeut.

Évidemment, si une marque vous paie pour parler de son produit, vous n'aurez pas le loisir de le critiquer. Ainsi, n'acceptez de promouvoir un produit ou un service, et d'être payé pour le faire, uniquement si celui-ci correspond aux attentes de vos lecteurs, et à la ligne éditoriale de votre blog.

Rédiger un article sponsorisé peut enrichir le contenu de votre site, si tant est que celui-ci intervienne dans le cadre de vos publications habituelles et ne vienne pas gêner votre lectorat en demeurant ponctuel et pertinent, pour toujours proposer à vos lecteurs des articles impartiaux et intéressants.

Prenez soin, bien en amont de la rédaction de l'article, de cerner les attentes et requêtes spécifiques de l'annonceur, afin d'éviter de devoir modifier votre article une fois rédigé pour qu'il convienne plus à ses espérances. Nombre de caractères, nombre et type de visuels, mots-clefs, nombre de liens, planning de parution mais aussi montant, délai et mode de règlement doivent impérativement être définis à l'avance pour éviter toute perte de temps pour chacune des parties.

À savoir

Attention, un article sponsorisé doit toujours être mentionné comme tel dans l'article. Ne pas le faire est passible de 37 000 € d'amende et de deux ans d'emprisonnement car cela relève de la pratique commerciale trompeuse. De plus, penser une seconde que le lecteur ne se rendra pas compte que vous faites la promotion cachée d'un produit dans l'un de vos articles serait une erreur et serait dommageable pour votre réputation et votre influence ainsi que pour votre crédibilité.

Mes partenariats

PARTENAIRE	TYPE D'ENCART	TARIF	DATE DE DÉBUT	DATE DE FIN	FACTURE RÉGLÉE
					☐
					☐
					☐
					☐
					☐
					☐
					☐
					☐
					☐
					☐
					☐
					☐
					☐
					☐
					☐
					☐
					☐

Les autres moyens de monétisation

En dehors des moyens classiques que sont la publicité et l'affiliation, il existe d'autres solutions pour que votre blog vous rapporte de l'argent.

Le mécénat

Ce système s'approche du sponsoring, à la différence que le blogueur réalise un article correspondant à son calendrier éditorial, ou à ses rubriques récurrentes, mais les fournitures et le temps passé à la réalisation de celui-ci sont pris en charge par l'annonceur mécène. On peut ainsi imaginer un article DIY, rétribué par une marque, sans que celle-ci n'ait forcément de lien avec le projet réalisé.

Comme pour un article sponsorisé, il faudra mentionner aux lecteurs, par une petite phrase dans votre article, que celui-ci a été rédigé grâce au soutien d'une marque.

Les collaborations

Une collaboration peut être imaginée entre un blogueur et une marque, pour la réalisation de collections capsules (une mini-collection, en dehors de la production de la marque, s'appuyant en termes de communication sur le nom du blogueur), d'objets en série limitée, de stylisme, ou d'opérations spéciales.

Ces collaborations peuvent également devenir une source de revenus, mais sont plutôt réservées aux blogs ayant déjà acquis une certaine notoriété. Les rémunérations des collaborations se font généralement sous forme d'un pourcentage sur les ventes, variant en fonction des marques, entre 10 et 30 % par exemple.

Les boutiques en ligne

Vous êtes créateur, styliste ou encore graphiste ? Votre blog, en générant du trafic, peut vous permettre de toucher une plus large clientèle, donc de vendre vos créations, et ainsi vous permettre de générer des revenus.

Que ce soit grâce à votre boutique sur Etsy, A Little Market ou sur un e-shop classique, utilisez votre blog comme un moyen de promouvoir votre travail. Attention bien évidemment à faire cela de façon subtile, en veillant à ne pas noyer les lecteurs sous un flot de promotions. Ils ne resteraient pas à votre écoute très longtemps.

Vous pouvez également, même sans être créateur, ouvrir une « pseudo-boutique ». Les plates-formes comme Greatly ou Society 6 par exemple, vous proposent de sélectionner et de mettre en avant des créations réalisées par des artistes et sur lesquelles vous toucherez un pourcentage sur les ventes (entre 10 et 25 %).

Les formations, ateliers et e-courses

N'hésitez pas à organiser des rencontres, à promouvoir et développer un réseau. Votre blog, parce que vous aurez acquis une expertise dans un domaine donné, peut vous amener à donner des conférences, des formations, ou encore des cours en ligne, et donc vous permettre de générer des revenus.

Les services

À terme, votre blog peut vous permettre de créer une nouvelle activité, et devenir le moyen de promotion de celle-ci. J'ai par exemple, grâce à mon blog, rejoint et développé une agence d'organisation d'événements ainsi qu'un festival, dont je peux aujourd'hui faire la promotion grâce à mon blog.

Mais c'est également valable dans l'autre sens. Vous êtes journaliste, développeur, coach, photographe, chef à domicile… ? Imaginez l'incroyable support que pourrait être un blog pour la promotion d'un service de création de gâteaux personnalisés par exemple. Une vitrine qui vous permettrait de partager des recettes et des astuces, et de mettre en avant de façon habile votre entreprise pâtissière. Votre blog vous permet ainsi d'asseoir votre notoriété et d'accroître votre visibilité en ligne.

Les avantages en nature

En plus des différentes sources de monétisation de votre blog, certaines marques n'hésitent pas à offrir un certain nombre d'accessoires, bons cadeaux, vêtements, maquillage, ou encore matériel, en échange d'un article sur un blog.

Comment ces blogs sont-ils choisis ? Ils sont souvent contactés en direct par les marques, ou leur agence de presse, en fonction de leur notoriété. Mais rien ne vous empêche de chercher le contact de l'attachée de presse d'une marque qui pourrait trouver un intérêt à être citée sur votre blog, et à lui proposer un projet d'article, et donc de vous faire parvenir l'un de ses produits !

Même si ces avantages ne peuvent être considérés comme des revenus à proprement parler, ça n'en reste pas moins un plus non négligeable.

À savoir

Faire de son blog une source de revenus est une chose plutôt facile une fois que l'on a mis en place tous les outils et les leviers précédemment abordés. Néanmoins, faire de son blog une source de revenus régulière, pérenne et viable est plus difficile. Les revenus issus d'un blog ne remplacent pas forcément un salaire, en tout cas pas immédiatement et sans effort. Cela demande du temps et de l'investissement, et surtout cela n'arrive pas du jour au lendemain.

Deedee

www.deedeeparis.com/blog/

Je m'appelle Delphine, je suis parisienne, journaliste et blogueuse. Pendant 7 ans, j'ai été responsable éditoriale du site de Cosmopolitan*, en plus de mon blog. Et puis un jour, j'ai décidé d'oser donner corps à mes rêves et je me suis lancée à 100 % sur le blog. Depuis, je crée du contenu pour le blog ou pour des marques qui veulent être accompagnées dans leurs stratégies digitales et sociales.*

Que partages-tu sur ton blog ?

Je partage beaucoup de choses ! Mes bonnes adresses, les tenues que j'aime, mes coups de cœur pour des créateurs, mes carnets de voyages, mes photos, ma vision de Paris... J'aime les échanges de points de vue, qu'ils aient trait à des choses futiles ou non.

Combien d'articles publies-tu chaque semaine ?

6. Je sais, je suis folle !

Combien de temps consacres-tu au blog chaque jour ?

Au moins 7 h par jour, minimum : en plus de la rédaction et de la modération des commentaires, il y a l'animation des réseaux sociaux qui vont avec le blog, la recherche de sujets, les reportages, les photos... C'est un vrai job à plein temps qui n'est hélas pas rémunéré comme un vrai job à plein temps !

Quelles étapes-clefs ont permis de professionnaliser ton blog et de le développer ?

Bonne question. En réalité, je ne sais pas trop. Mon blog n'a jamais été pensé comme une stratégie en termes de business : en 2005, lorsque je l'ai créé, il existait très peu de blogs dits « de fille ». Je l'ai ouvert sur un coup de tête, parce que j'ai toujours aimé écrire et que j'avais envie de confronter ma plume à des lecteurs que je ne connaissais pas. Les refontes graphiques sont venues petit à petit, surtout parce que j'aime les choses bien faites... Mais aujourd'hui, je n'ai toujours pas de charte graphique officielle, par exemple !

En revanche, je suis hyper carrée et assidue : quand je m'engage, je m'engage vraiment. C'est peut-être cette implication qui explique que je blogue toujours aujourd'hui ?

Quelle solution as-tu choisi de mettre en place pour monétiser ton blog ?

J'essaye de trouver des solutions qui me permettent de produire un travail de qualité, qui ne dénature pas mes propos et qui ne « trompe » pas les lecteurs. C'est fondamental : le blog doit rester indépendant, intègre et honnête.

Je travaille avec une régie qui commercialise mes espaces publicitaires (bannières principalement et de manière très épisodique, billets sponsorisés). La publicité n'est clairement plus la poule aux œufs d'or qu'elle a pu être l'espace de quelques mois, quand les CPM des blogs tournaient autour de 15 euros !

Je fais également de l'affiliation : j'achète des vêtements ou de la déco, par exemple, sur un e-shop. Je montre la pièce sur mon blog et je fais un lien vers l'e-shop où je l'ai acheté. Si des lecteurs achètent ladite pièce, je touche un (petit) pourcentage de la vente.

Enfin, je travaille régulièrement avec des marques pour créer avec elles et pour elles des contenus sur mesure : ce sont les missions qui m'intéressent le plus, ce sont elles qui donnent un vrai sens à l'éditorial digital, aujourd'hui. Rien n'est plus intéressant que de découvrir l'univers d'une marque, se l'approprier pour porter voire incarner ses valeurs le temps d'un projet. J'ai travaillé avec Boucheron pour la sortie du parfum Quatre et je leur ai proposé de créer quatre séries de quatre cinémagraphs chacun... Aucune marque (à ma connaissance !) n'avait osé parier sur le GIF, ils m'ont suivie à 200 % !

J'ai aussi créé une collection capsule pour la marque JEM, des chaussures pour Maloles, une collection de sweats pour French Disorder... J'essaye toujours de trouver un angle qui peut intéresser mes lecteurs : on oublie trop souvent que c'est grâce à eux qu'on peut donner corps à nos passions... !

Quels projets et opportunités le blog t'a-t-il apportés ?

Mon job chez Cosmopolitan*... déjà ! Il m'apporte beaucoup de jolies rencontres, aussi : que ce soit avec des marques, d'autres blogueurs ou des lecteurs. Le blog est un formidable tremplin si tant est qu'on le fasse avec sincérité et intégrité.*

Quel a été le déclic qui t'a décidée à créer ton propre job ? En quoi le blog t'a-t-il permis de te lancer ?

En réalité, je caressais cet objectif depuis quelques années. Mais je suis une grosse trouillarde… ! Et je suis allergique à toute démarche administrative, ce qui me semblait assez peu compatible avec un statut de freelance. Et puis… mon métier faisait de moins en moins sens. Je bossais comme une dingue le jour au bureau, la nuit et les week-ends sur le blog ou pour des marques en free. Ça devenait n'importe quoi… Il a fallu faire un choix. J'ai fait celui du cœur, je ne sais pas si j'ai eu raison. Ce que je sais, c'est que je travaille encore plus (bonjour, je n'ai plus de vie !) mais que je n'ai jamais été aussi épanouie professionnellement parlant. Même si le quotidien de free n'est pas toujours rose…

Quels sont tes projets pour l'avenir en lien avec le blogging ?

Je monte mon émission vidéo, « DeedeeFactory », le pendant du blog en images ! J'y parle de jolis projets de créateurs dans les domaines de la mode, de la beauté, du lifestyle ou de la food. J'aime mettre en lumière les idées audacieuses, différentes, courageuses et qui s'affranchissent des canaux et réseaux traditionnels qui peuvent être sclérosants. Je travaille aussi, enfin, à l'élaboration de ma charte graphique et à la traduction du blog. Et je continue à accompagner les marques qui le souhaitent dans leurs stratégies éditoriales digitales, sur le blog ou ailleurs…

Quels conseils donnerais-tu à quelqu'un qui souhaiterait professionnaliser et monétiser son blog ?

Oser… Je suis très mauvaise pour frapper aux portes pour me « vendre », j'ai horreur de ça ! Mais je sais que c'est dommage : qui d'autre que vous peut être l'ambassadeur de votre projet ?

Une fourchette de revenus directs (affiliations, sponso…) et indirects (publications, shop…) générés par le blog ?

Les revenus sont toujours une partie très difficile à aborder : gagner de l'argent, en France, c'est mal. Encore plus quand on fait quelque chose que l'on aime et qui est si séduisant, du moins en apparence ! Quand on parle de blogs, on pense « cadeaux », « paillettes », « princesses ». On pense moins à la rigueur, l'implication, le travail demandé pour alimenter le blog et animer les réseaux qui vont avec. 99 % des sujets consacrés aux revenus des blogueurs

En quelques chiffres

Date de création :

mars 2005

Followers :

Facebook : + 12 000

Twitter : + 18 500

Instagram : + 46 200

Pinterest : + 16 000

Pages vues par mois :

+ 310 000

entretiennent les fantasmes les plus fous, à base de « devenez riches à millions en prenant vos macarons en photo ! » Je pense notamment aux revenus de Betty qui ont fait couler tant d'encre : ce que personne n'a voulu écrire, lire ou comprendre, c'est que la majeure partie de ses revenus proviennent de l'agence de mannequinat avec laquelle elle travaille... Les cachets n'ont aucune commune mesure avec ceux d'un blogueur plus, disons, lambda.

Les revenus sont de surcroît très irréguliers : on peut faire une belle opération un mois et ne plus rien avoir pendant 6 mois... ça n'aide pas à se lancer sereinement. Surtout, la plupart des marques échangent plutôt qu'elles ne payent : je dois avoir 300 paires de chaussures.... J'exagère à peine ! C'est bien sûr très chouette, mais jusqu'à preuve du contraire, je ne paye pas mon loyer en chaussures ! Aujourd'hui, j'aimerais me consacrer au blog à 100 % mais je ne peux pas me le permettre. Pas encore...

Rédiger un kit média percutant

À partir du moment où vous souhaitez passer au niveau supérieur avec votre blog, et accueillir des partenariats, des encarts pub, de l'affiliation ou des posts sponsorisés, vous devrez songer à créer votre kit média. L'idée : vendre votre blog, vous vendre !

Vous avez été contacté par une marque, une boutique en ligne, un prestataire, bref un professionnel qui pense que votre blog l'aidera à accroître sa clientèle. Avant d'amorcer un quelconque partenariat, vous devrez lui communiquer certaines informations. Le kit média est là pour ça. Il doit être le plus accessible possible, un PDF par exemple, en une ou quelques pages selon ce que vous souhaitez voir apparaître. Que faut-il y mentionner ?

Une petite bio

Vous êtes l'essence de votre blog, c'est vos connaissances, votre réseau et votre talent que vous mettez en avant. Pourquoi ne pas vous présenter ? Une photo de bonne qualité, quelques mots sur vous, votre blog, vos envies et le pourquoi de votre passion ont tout à fait leur place ici.

Les chiffres

C'est aussi ça que vos potentiels partenaires sont venus chercher. Mentionnez les chiffres qui mettront votre blog en valeur. Commencez par les statistiques de visite par exemple, que vous trouverez sur Google Analytics notamment. Vous pouvez également y mentionner le nombre de pages vues par mois, le nombre de visiteurs uniques par jour, vos abonnés sur Twitter, Pinterest ou Instagram, ou encore le nombre d'articles que vous avez pu rédiger... N'oubliez pas de mettre à jour régulièrement vos données. Et rien ne vous empêche de présenter tout ça en évitant les camemberts rébarbatifs. L'idée c'est de donner envie, pas d'assommer vos potentiels partenaires !

Votre lectorat

Vos lectrices et vos lecteurs, sont la cible de vos annonceurs, vous devez donc présenter votre audience. Pour connaître vos lecteurs, rien de mieux qu'un petit questionnaire à leur faire remplir, via Google Form (gratuit), ou Survey Monkey (gratuit jusqu'à 10 questions et 100 réponses par sondage).

Des témoignages

Pourquoi pas, si ils vont évidemment dans votre sens, et si selon vous ils peuvent faire pencher la balance. Vous pouvez bien entendu faire figurer les avis de vos précédents partenaires.

Des images

Votre kit media doit refléter l'esprit de votre blog, alors ajoutez-y des visuels qui plongeront directement vos potentiels partenaires dans votre univers ! Vous devez marquer les esprits et vous démarquer des autres !

Les conditions de partenariat

Avec les chiffres, c'est l'information que sont venus chercher vos prospects. Listez chacune des options possibles, les tailles d'encarts disponibles, et leur tarif pour 1, 3 ou 6 mois par exemple, ainsi que les conditions de règlement. Évoquez également les éventuels impératifs auxquels devront se plier les annonceurs et ce que vous leur proposez pour le tarif que vous indiquez afin d'éviter tout malentendu (nombre de signes, nombres de liens, relais éventuels sur les réseaux sociaux...). Vous pouvez également mentionner vos conditions concernant les articles sponsorisés, les mécénats ou encore les concours (conditions de participation, durée, modalités d'envoi...).

Une revue de presse

Que ce soit un paragraphe entier, ou simplement une mention, n'oubliez pas que le kit média est là pour vanter vos mérites et mettre en avant votre travail. Alors si *ELLE* ou *Le Figaro Madame* ont parlé de vous, parlez-en à votre tour ! L'idée est de vous mettre en valeur, vous et votre expertise, et de donner envie à votre potentiel annonceur de travailler avec vous !

Vos coordonnées

Adresse e-mail, numéro de téléphone, mais aussi où vous trouver sur les réseaux sociaux : vos contacts doivent pouvoir vous contacter et vous suivre facilement.

Important

Relisez, relisez et faites relire ! Éliminez de votre kit média toute faute d'orthographe ou coquille mal placée.

Mes factures

votre logo

FACTURE N°001	DATE
SOCIÉTÉ VOTRE NOM VOTRE ADRESSE VOTRE CODE POSTAL VOTRE VILLE	NOM DE VOTRE ANNONCEUR ADRESSE DE VOTRE ANNONCEUR CODE POSTAL DE VOTRE ANNONCEUR VILLE DE VOTRE ANNONCEUR
Affichage d'un encart sur le blog www.monblog.com Format rectangulaire 130 x 260 pixels Durée : 3 mois Option : /	250 €
TOTAL en H.T*. :	250€

*TVA non applicable, art. 293 B du CGI

N° SIRET : 01 000 000 001 100

COORDONNÉES BANCAIRES

VOTRE NOM, NOM DE VOTRE BANQUE : 00000 Guichet : 00100 N° : 00100100111 Clé : 00 IBAN FR00 0000 0000 0000 0110 111 BIC : 00110011

Chèque à l'ordre de VOTRE NOM

Every day you inspire people you have never met

Comment définir ses tarifs ?

Pas évident de définir le juste prix de son travail lorsque l'on se lance et que l'on n'a pas de point de comparaison. Dépasser le stade où l'on blogue simplement par plaisir pour en faire une source de revenus, voire un métier, n'est pas forcément des plus simples. Le risque serait de sous-estimer sa valeur et son potentiel.

Vous devez avoir confiance en vous. Quelles que soient vos statistiques, dès lors que vous bloguez avec passion et que vous avez créé autour de vous une communauté, votre avis a de la valeur pour votre audience, mais aussi pour les marques.

Faire de son blog un métier, ou en tout cas une source de revenus, très étrangement, est souvent mal perçu. Par d'autres blogueurs, mais aussi par certains lecteurs. Pourquoi ? Parce que selon eux, le blog perdrait son âme, ne serait plus ce qu'il était à ses débuts, que votre approche deviendrait pécuniaire uniquement. En fait, l'univers du blogging féminin a évolué, bloguer doit commencer par passion, mais oui, ce peut être un métier, et on peut tout à fait continuer à rédiger un blog personnel en percevant pour ça de l'argent.

Le temps passé sur un article, sur une série de photos, sur un pas à pas, ou ne serait-ce qu'un échange d'e-mail pour mettre en place un post, tout ce temps, votre temps, votre travail mérite salaire.

De nombreuses marques ou supports de presse ont encore du mal à considérer les blogueurs comme de véritables professionnels, voire des entreprises. Or si on vous contacte pour défendre une marque ou un produit, c'est bien parce que l'on pense que cela aura un impact bénéfique pour la marque ou le produit en question. Et cela a un prix.

Votre expertise

Vous dominez votre sujet, vos lecteurs vous font confiance, s'identifient à vous, votre expertise facilite le passage à l'acte d'achat. Et ça, les annonceurs en ont besoin !

Votre image

Avec un partenariat, vous contribuez au bon positionnement d'une marque, l'image que vous partagez mérite d'être récompensée.

Le cas de la visibilité

Ne sous-estimons pas notre travail de blogueurs en acceptant de toujours travailler en échange de visibilité. Rares sont les cas où ce type de promotion est à l'avantage du blogueur. Tout en sachant que l'essence même du blogging est le partage, accepter de fonctionner toujours de la sorte ne vous permettra pas de tirer un avantage financier de votre blog et nuira aux blogueurs qui, eux, souhaitent professionnaliser leur démarche en étant rémunérés. Si un blog accepte de le faire gratuitement, pourquoi en contacter un autre qui lui demande à être payé ?

Soutenir les projets auxquels vous croyez

Monétiser votre blog, oui ! Mais votre envie de développer votre business ne doit pas vous empêcher de soutenir gratuitement des projets auxquels vous croyez. N'hésitez pas lorsqu'il s'agit de marques, de créateurs, ou de projets qui vous tiennent à cœur, à défendre leur travail sans aucune contrepartie. Souvenez-vous, bloguer c'est aussi et surtout partager !

Savoir dire non, mais merci...

Il faut avant tout être à l'aise avec ses idées, et préserver sa ligne éditoriale.

Sentez-vous libre de refuser de travailler pour une marque qui ne vous conviendrait pas, ou que vous pensez ne pas convenir à votre lectorat. Vous avez le droit de dire non. Parce que le projet ne vous correspond pas, à vous ou à la ligne éditoriale que vous vous êtes fixée, ou que la demande n'arrive pas au bon moment en termes de planning. Remerciez l'annonceur de vous avoir contacté, et déclinez poliment.

Les encarts

Le plus simple est de se baser sur ceux d'un blog de votre niche, équivalent au vôtre ou légèrement supérieur en termes de trafic.

Vous pouvez pour cela contacter des blogueurs de votre secteur et leur demander s'il leur est possible de partager avec vous leurs tarifs d'affichage. Mais il est souvent difficile d'obtenir les tarifs des blogs concurrents. Si l'on n'a pas de référence, on peut se donner une première estimation grâce à cette formule :

1 € pour 1 000 pages vues / mois.

Ainsi, pour un blog comptant 48 000 pages vues par mois, on compte 1 × (48 000 / 1 000) soit 48 €/mois.

Vous pouvez, à partir de ce tarif de base, imaginer des prix différents en fonction de la situation de votre encart sur le blog. Il a évidemment des places meilleures que d'autres, donc plus attrayantes pour vos annonceurs, et donc plus intéressantes pour vous en termes de revenus.

Prenons l'exemple de la sidebar d'un blog. Un encart placé en haut de la colonne attirera plus de clics qu'un encart placé tout en bas de celle-ci, tout comme un encart plus grand, ou animé, attirera plus l'œil du lecteur et pourra donc être facturé plus cher. De manière générale, les encarts placés dans le fold (soit au-dessus de la ligne de flottaison, partie du site, accessible au premier regard, sans avoir besoin de scroller) peuvent être plus chers que les autres.

Les articles sponsorisés

Dans la mesure où ces derniers peuvent demander plus d'efforts de préparation, on se réfère au temps passé pour calculer ses tarifs.

(Temps passé × tarif horaire) + [(nombre de vues moyen par post / 1 000) × tarif encart) = tarif article sponsorisé

Ainsi, si l'on définit un taux horaire à 70 € et 4 heures consacrées à la rédaction d'un article sponsorisé entre la rédaction elle-même, la réalisation des photos, leur traitement, la validation du billet et la mise en ligne de celui-ci, on compte (4 heures × 70 €) + (2 000 / 1 000) × 48) soit un total de 376 €.

Évidemment, ce tarif doit servir de base. À vous de varier les montants en fonction de la demande de votre annonceur et des caractéristiques de l'article : longueur, nécessité de réaliser des visuels, etc.

WHO

Comment contacter les annonceurs ?

VOTRE kit média réalisé, il faut maintenant le diffuser. À qui le faire parvenir ? Partagez-le avec les marques en relation avec votre cible. Envoyez-le aux professionnels qui vous contactent pour annoncer sur votre blog, ou qui souhaitent mettre en place des partenariats rédactionnels, mais aussi aux marques avec lesquelles vous aimeriez travailler. Il faut oser ! L'idée : augmenter ses chances de retours positifs en sélectionnant des marques en lien avec son lectorat.

Il est tentant au départ d'ouvrir ses partenariats à toutes les marques qui vous contactent. Pour conserver une qualité de contenu et votre pertinence – puisque c'est bien là-dessus que vous capitalisez –, mieux vaut parfois savoir dire non à certaines enseignes qui ne correspondraient pas avec votre ligne éditoriale. N'oubliez pas que les partenariats que vous développez doivent se construire sur la durée. C'est une véritable relation de confiance qui doit s'instaurer.

Comment choisir les marques avec lesquelles travailler et comment les contacter ?

Commencez par les marques que vous aimez tout simplement, celles qui vous accompagnent dans votre quotidien. Vous avez un blog mode et ne jurez que par les chaussures originales ? Contactez une marque que vous admirez, il n'en sera que plus facile de lui montrer à quel point vous avez envie de la promouvoir !

Et la fiscalité ?

Les revenus issus d'un blog doivent, au même titre que n'importe quel autre revenu, être déclarés en tant que tels aux impôts. Vous devez donc, pour exercer, être déclaré, et avoir un statut officiel. L'auto-entreprise convient pour l'instant plutôt bien au statut de blogueur.

Trouvez l'adresse e-mail la plus pertinente pour entrer en contact avec la marque. Vous trouverez sur la plupart des sites, un contact « Presse » dans le footer. Il faut parfois ruser et chercher un peu plus loin, surtout lorsqu'il s'agit de marques plus établies, qui gèrent leur relations presse via des agences spécialisées. Et pourquoi ne pas utiliser les réseaux sociaux à votre avantage ? Postez une photo de vous et vos nouvelles chaussures préférées par exemple, en tagguant l'enseigne concernée. Peut-être cette photo sera-t-elle le moyen original d'entrer en contact avec cette marque ?

Lorsque vous contactez une marque par e-mail, présentez-vous en quelques lignes, vous et votre blog, et expliquez en quoi cette marque et votre blog pourraient trouver un intérêt commun à travailler ensemble. Exposez votre projet. Un article photo, un concours, une collaboration, soyez force de proposition.

Soignez votre article. Une fois le partenariat décroché, rédigez un article percutant, présentez de beaux visuels qui mettent en avant la marque partenaire et qui collent à l'image de votre blog. Un bon premier article est souvent le début d'une collaboration sur le long terme.

Être payé

Votre offre de partenariat et vos tarifs définis, il faut maintenant permettre à vos annonceurs de vous payer. Sur votre kit média, mentionnez toutes les possibilités de règlement disponibles pour vos annonceurs (Paypal, virement bancaire, chèque).

Sur la facture, il y a un certain nombre d'éléments-clefs à mentionner :

- le numéro de la facture,
- la date d'émission,
- vos coordonnées complètes,
- votre numéro de Siret,
- les coordonnées de votre annonceur,
- la prestation pour laquelle est émise la facture (par exemple le détail de l'encart, son format, la durée d'affichage...),
- le montant à régler en HT (c'est-à-dire sans TVA, en cas d'auto-entreprise notamment), ou le montant HT + le montant TTC si vous avez un autre statut juridique,
- le délai de règlement (à réception de la facture, à 30 jours...),
- vos coordonnées bancaires si vous souhaitez éviter de devoir joindre un RIB à chaque facture.

À savoir

La création d'un compte bancaire professionnel est fortement recommandée pour gérer la comptabilité de votre blog. Vous pourrez ainsi distinguer toutes les écritures, réduire le travail comptable, et éviter la justification de chaque ligne, même personnelle, en cas de contrôle fiscal.

En bref...

Il n'y a pas de recette miracle lorsque l'on cherche à monétiser son blog. Cela nécessite du temps, de l'implication et beaucoup de travail. Commencez petit et évoluez à votre rythme. Tous les blogueurs professionnels ont commencé avec un travail à temps plein, des impératifs financiers, une famille à gérer...

On apprend de ses erreurs. Avant de savoir quel système fonctionne pour vous, vous devez tester les différentes solutions de monétisation, et trouver les plus adaptées à votre lectorat et à votre façon de bloguer. Analysez les différents résultats issus de la monétisation, et corrigez ce qui doit être corrigé. Et si vous vous rendez compte qu'une solution ne vous convient absolument pas, arrêtez-la tout simplement. Peut-être vous conviendra-t-elle mieux plus tard, à un autre stade du développement de votre site.

La ligne directrice à suivre, c'est la cohérence. Que ce soit en termes de contenu ou d'encarts affichés sur votre site, vos lecteurs doivent pouvoir comprendre que les publicités que vous proposez sont en lien avec les attentes qu'ils avaient en se rendant sur votre site.

Tout est lié. Avoir un contenu de qualité fera venir les lecteurs et engagera les premiers annonceurs à vous faire confiance. Les gains obtenus vous permettront de réinvestir dans votre blog et de le développer, et donc de proposer un contenu d'une qualité encore meilleure, et ainsi intéresser de nouveaux annonceurs qui auront de plus en plus de budget. N'hésitez pas à vous diversifier, et à multiplier les différentes sources de revenus.

L'image des blogueurs rémunérés est parfois mauvaise, mais si la monétisation et la mise en place des partenariats sur son blog se fait dans de bonnes conditions, il n'y a pas de raison que celles-ci empêchent la bonne marche du site et ne soient bénéfiques pour les lecteurs. Certains pourraient avoir quelques scrupules à être payés pour ce qui est avant tout une passion. Mais pourquoi un métier ne serait-il pas passionnant ?

Copyright et droits sur Internet

Il peut sembler simple sur la toile d'utiliser un contenu juste là, à portée de clic, pour enrichir et illustrer son blog. Mais sur Internet comme ailleurs, les droits d'auteur et à l'image ont cours, et il est interdit de reproduire un visuel ou un texte sans en avoir l'accord exprès de son auteur.

Pour ce qui est des textes, vous pouvez sans aucun souci reproduire un extrait de texte d'un auteur ou d'un blogueur, tant que vous le citez et renvoyez vos lecteurs vers son site. Il faut par contre rester dans le domaine de la citation, et ne pas reprendre un texte entier. N'hésitez pas à contacter l'auteur cité pour lui indiquer que vous avez trouvé l'un de ses articles intéressant et que vous vous êtes permis de le mentionner sur votre blog.

Si vous ne produisez pas vous-même vos images, il vous faudra certainement trouver de quoi illustrer vos articles. Vous ne pouvez pas utiliser d'image qui ne vous appartient pas sur votre blog, même si pour ça vous avez crédité l'auteur au bas de votre billet. Si une image vous intéresse, vous devez demander au préalable son accord à l'auteur, le mentionner,

et renvoyer le lecteur vers le site de celui-ci. Il suffit simplement d'envoyer un e-mail à l'auteur, blogueur, photographe, et de lui indiquer que vous appréciez énormément sa photo et aimeriez l'utiliser sur votre site, en le créditant bien sûr. Il y a peu de chance que celui-ci refuse, à moins que cette image n'ait ailleurs une utilisation commerciale qui en limiterait la diffusion.

À savoir

Veillez à toujours mentionner l'auteur original d'une image utilisée sur votre blog. Si vous n'avez pu retrouver l'auteur, n'utilisez pas l'image.

Remarque : Pinterest n'est pas une indication valable de crédit !

Où trouver des images libres de droits ?

Pas facile de trouver de belles images pour illustrer ses articles. Et on sait à quel point les visuels sont importants lorsque l'on rédige un blog. Si l'idéal reste encore de créer vos propres visuels, on peut parfois avoir besoin d'une image bien particulière.

L'avantage des illustrations libres de droit, c'est qu'on peut les utiliser à sa guise, parfois sous certaines conditions (citer l'auteur, pas d'usage commercial...). Leur inconvénient, c'est souvent leur aspect « formaté », lisse, sans personnalité : ne pas en abuser !

Les liens utiles

https://creativemarket.com/photos/

http://www.lifeofpix.com/

https://unsplash.com

http://snapwiresnaps.tumblr.com/

http://superfamous.com/

Se protéger de la copie

Vous pourriez vous aussi vous retrouver face au problème de la copie de votre contenu, à bon ou mauvais escient. Quelle position adopter ? Dans un premier temps, mentionnez sur votre blog que le contenu, textes et visuels est votre propriété et n'est pas libre de droits. Cette mention peut par exemple apparaître dans le footer ou au bas de la sidebar de votre blog. Vous pouvez également préciser votre position en matière de droits sur votre blog, dans les mentions légales.

N'hésitez pas à utiliser de temps en temps des outils comme la fonction de recherche inversée de Google images ou encore des outils de recherche de contenu dupliqués disponibles sur la toile, pour voir si personne n'utilise à votre insu vos images ou vos textes.

Comment réagir en cas de copie ?

Avant de contacter un blog que vous soupçonneriez de copie, assurez-vous bien qu'il s'agit effectivement d'une copie, et pas simplement d'une coïncidence, par exemple un communiqué de presse qui aurait été envoyé à plusieurs blogs et qui vous aurait amenés, chacun de votre côté, à traiter du même sujet au même moment.

Les procédures pouvant être longues, incertaines et surtout coûteuses, demandez-vous si le jeu en vaut la chandelle, et si cette histoire de copie vaut vraiment le coût d'être évoquée. Cela représente-t-il un manque à gagner évident, cela porte-t-il réellement atteinte à l'intégrité de votre image ou de votre marque ?

Contactez l'auteur de la copie, en lui indiquant clairement et poliment les motifs de votre message, ce qui vous fait penser que du contenu a été repris, et le lien vers l'article auquel vous faites référence, et demandez à ce que ce contenu soit retiré de son site dans les meilleurs délais. Soyez courtois, mais ferme. La plupart du temps, il ne s'agira que de malentendu et la simple demande de retrait du passage concerné se fera sans aucun problème, chacun souhaitant éviter toute poursuite légale.

Si vos e-mails restent vains, prenez alors contact avec le service d'hébergement du site incriminé. Vous trouverez en général ces informations dans les mentions légales du site, ou en passant par un service type Whois (qui permet de retrouver, si elles ont été indiquées, les coordonnées complètes d'un site).

Si ces différentes mesures ne donnaient aucun résultat, n'hésitez pas à prendre contact avec un avocat spécialisé, qui se chargera d'entreprendre les démarches appropriées.

Les mentions légales

Quelles sont les informations obligatoires que vous devez faire figurer sur votre site ? En vertu de la loi n° 2004-575 du 21 juin 2004 pour la confiance dans l'économie numérique, vous êtes tenu de faire apparaître sur votre blog un certain nombre d'indications légales sous peine de sanction. Qui plus est, à partir du moment où votre blog génère des revenus, vous êtes tenu de déclarer ces derniers, et donc d'avoir établi votre blog en tant que société (via le statut d'auto-entrepreneur par exemple).

Il existe sur Internet des générateurs de mentions légales qui vous aideront à construire rapidement un texte complet d'indications à mentionner. Voici quelques-unes des informations-clefs que vous devrez indiquer.

- Nom de l'auteur du blog
- Nom de la société qui héberge le blog
- Texte expliquant la position du blog vis à vis des liens commerciaux et de la publicité (affiliation, sponsoring...)
- Crédits généraux (graphisme, développement, images, textes...)
- Nom et coordonnées de la société
- Numéro de Siret de la société
- Conditions générales d'utilisation du blog
- Description des services fournis
- Limitation contractuelle sur les données techniques
- Propriété intellectuelle et contrefaçon
- Limitations des responsabilités
- Gestion des données personnelles
- Droit applicable et disposition de juridiction
- Principales lois concernées

Inspirations fleuries
THE KINFOLK TABLE
Bringing Nature Home
Canon

Le statut juridique

À partir du moment où vous choisirez de faire de votre blog une source de revenus, vous devrez impérativement déclarer votre activité et vous acquitter d'impôts. À l'heure actuelle, le statut d'auto-entrepreneur est idéal pour les blogueurs.

Facile à créer, une auto-entreprise se déclare en ligne (http://www.lautoentrepreneur.fr/). En quelques clics, et après avoir transmis quelques documents et informations sur votre identité (CNI, numéro de sécurité sociale...), vous obtiendrez par courrier un numéro de Siret qui vous permettra d'éditer des factures.

En fonction du type de régime pour lequel vous aurez opté, vous devrez verser lors de votre déclaration mensuelle, 22,90% (régime microsocial simplifié) ou 25,10% (régime micro-social simplifié avec option pour le versement libératoire de l'impôt sur le revenu) de vos recettes.

Le statut d'auto-entrepreneur

Fiscalité

L'entreprise individuelle doit relever du régime fiscal de la micro-entreprise, c'est-à-dire réaliser un chiffre d'affaires qui ne doit pas dépasser, pour une année civile complète, en 2015 :

- 82 200 € pour une activité de vente de marchandises, d'objets, ou encore de fournitures ;
- 32 900 € pour les prestations de services relevant de la catégorie des bénéfices industriels et commerciaux (BIC) ou des bénéfices non commerciaux (BNC).

L'auto-entreprise n'est pas soumise à la TVA et ne permet pas de déduire les charges (loyer, téléphone…). Il est possible de cumuler le régime auto-entrepreneur et celui de demandeur d'emploi, tout comme un retraité peut exercer une activité dans le cadre du régime auto-entrepreneur.

Cotisations sociales

L'activité salariée reste l'activité principale : l'auto-entrepreneur acquiert également des droits de retraite de base et de retraite complémentaire au RSI (artisans, commerçants) ou à la Cipav (professions libérales) pour son activité d'auto-entrepreneur en fonction de son chiffre d'affaires.

Si vous exercez simultanément une activité salariée et une activité d'auto-entrepreneur, la durée d'assurance prise en compte pour la retraite de base ne peut pas excéder, tous régimes de base confondus, 4 trimestres par an (source : http://www.lautoentrepreneur.fr/).

Gérer son temps

Bloguer est une activité chronophage. Une balade au grand air, une virée shopping, ou encore quelques heures passées sur Pinterest, tout est prétexte à imaginer de nouveaux articles. Mais entre le temps de recherche, la rédaction de contenus, la gestion d'une boîte e-mail, on peut vite se sentir dépassé.

Vous bloguez maintenant depuis quelques mois peut-être. Vous connaissez votre mode de fonctionnement, savez à quelle heure vous vous montrez le plus efficace, ce qui vous motive ou au contraire ce qui a vite fait de vous distraire. Identifiez vos points forts et vos points faibles en termes d'organisation, et fixez-vous des objectifs pour améliorer ce qui doit l'être.

Établissez un planning. À quel moment pouvez-vous vous dégagez du temps pour répondre à vos messages ou rédiger vos articles ? Définissez clairement vos plages horaires, en fonction de vos impératifs familiaux ou professionnels par exemple, et consacrez-vous à votre blog dans ces créneaux particuliers. Des outils comme iCal, Google Calendar, ou un bon vieil agenda papier seront vos meilleurs amis ! Nous avons tous des milliers de choses à gérer, d'autant plus lorsque l'on est entrepreneur et parent !

Je sais par exemple que je suis bien plus efficace et concentrée le matin. Je réserve ainsi ma première heure de travail pour répondre à mes e-mails, avant d'emmener ma fille à l'école. Je me consacre ensuite à mes dossiers clients, puis à la rédaction d'un billet, le partage de l'article du jour sur les

réseaux sociaux, qui me permet de faire une petite pause et de jeter un œil à ce qui a pu s'y passer depuis la veille.

Je refais ensuite un rapide point sur mes e-mails, les trie en fonction de leur catégorie, et les marque pour y répondre plus tard. Je prévois la plupart de mes rendez-vous extérieurs en fin de matinée et consacre mes après-midi à des séances photos, des recherches d'inspiration sur Internet pour mes futurs articles et mon travail, avant de retrouver ma fille qui rentre de l'école.

Concilier vie de famille et vie professionnelle (nous sommes à la maison, deux chefs d'entreprises travaillant depuis chez nous) n'est pas évident. Pour respecter le rythme de chacun, nous avons mis en place une routine qui nous permet d'organiser notre temps à notre guise et de nous ménager du temps ensemble, de cloisonner les différents moments, tout en restant extrêmement flexibles. L'essentiel est de trouver le bon équilibre entre toutes les vies que nous devons mener.

Garder le contrôle de sa boîte e-mail

Entre les demandes de publications, les questions de lecteurs, les e-mails de clients, les agences de presse et leurs communiqués, on peut vite arriver à près d'une centaine d'e-mails par jour à mesure que son blog se développe. L'organisation est la clef. Comme moi, n'hésitez pas à utiliser les outils qui permettent de filtrer et de trier les messages reçus.

Ajoutez à votre blog une page « Questions fréquentes » sur laquelle vous pourrez déjà répondre à la plupart des questions que se posent vos lecteurs. Quel type d'appareil photo utilisez-vous ? Quel métier exercez-vous ? Qui a mis en ligne votre site ? Quels sont vos marques préférées ? Vos conseils pour lancer un blog ? Vous gagnerez ainsi du temps.

Vous pouvez également mettre en place un système de réponse automatique indiquant que vous avez pris connaissance du message, que vous répondrez dans les meilleurs délais, et en renvoyant également votre interlocuteur vers votre FAQ justement, où il trouvera peut-être la réponse à sa question plus rapidement.

Bloguer, et après ?

Vous êtes à présent un expert reconnu dans votre domaine, votre avis a une valeur ajoutée, votre personnalité se démarque. Vous multipliez les articles, créez une communauté, la notoriété de votre blog s'accroît. Vous avez peut-être eu l'occasion de collaborer avec certaines marques, de vous faire remarquer sur d'autres blogs, ou encore dans la presse. Votre blog peut-il vous permettre d'aller plus loin et de toucher un autre public ?

Peut-être un magazine, qui aura su percevoir votre potentiel, aura envie de vous demander de le rejoindre. De rédiger un article, ou une rubrique récurrente par exemple. Votre blog peut aussi vous permettre de toucher d'autres médias et de vous ouvrir à d'autres supports.

Le prix d'un article

La rémunération de ce type de projet dépend de nombreux critères, comme le magazine, le type d'article à rédiger, le nombre de signes, ou s'il y a une création particulière à imaginer : un DIY ou des photos. Cela peut aller de 80 euros pour un petit article à plus de 1 000 ou 2 000 euros pour un article plus complet avec des images exclusives.

Gardons l'exemple de la presse, puisque c'est le média qui contacte de plus en plus les blogueurs. Si vous étiez contacté par un magazine vous proposant de travailler pour lui, passé l'enthousiasme, il faudra vous poser les bonnes questions. Le magazine correspond-il à mon image ? Que me propose-t-on ? Est-ce la rédaction d'un article en lien avec mes compétences et mon univers ? Est-ce payé ? Car oui, de nombreux magazines publient encore aujourd'hui du contenu que des auteurs leur auront donné, gratuitement.

Nous l'avons déjà vu, il est parfois bénéfique de ne pas demander de rémunération, si c'est pour un projet auquel on croit, ou qui malgré tout

nous rapportera une belle exposition ou une certaine notoriété. Mais il faut aussi savoir accepter de dire non, car un projet peut aussi demander trop de temps et d'énergie par rapport au bénéfice que l'on pourra en tirer. Et c'est parfois un mal pour un bien.

Je me souviens par exemple avoir décliné l'offre de collaboration d'un magazine qui me demandait de réaliser un décor imposé, joli, mais qui ne correspondait pas tout à fait à mon univers, et sans contrepartie financière. Quelques semaines plus tard à peine, un autre magazine, avec une meilleure image de marque, me demandait de réaliser 4 pages pour lui, avec la photographe, avec qui j'ai l'habitude de travailler, sur mon sujet de prédilection, et avec une totale liberté sur le thème à traiter. Cerise sur le gâteau, j'étais payée pour le faire ! Comme quoi, il faut savoir patienter et attendre le bon projet pour se lancer.

Les projets apportés par votre blog doivent être envisagés comme des pierres qui consolideront l'édifice que vous souhaitez créer pour votre vie personnelle et professionnelle. Chacun de ces projets, même les plus petits, brique par brique, contribue à construire votre marque et à asseoir un projet plus grand que vous vous serez fixé, un but à atteindre.

Être publié

Vous aimeriez écrire un livre ? Développer votre blog peut vous amener à rédiger un ou plusieurs ouvrages. Vous pourrez assez vite observer quel sujet plaît le plus à vos lecteurs, les articles ou les thèmes qui sont le plus lus et partagés. Inspirez-vous de cela pour imaginer un projet de livre qui répondrait aux attentes et aux besoins de vos visiteurs. Qu'ont-ils envie de lire ? Qu'est ce qui existe déjà sur le marché, et qu'est-ce que vous, grâce à votre expérience de blogueur, pourrez y apporter de plus ?

Vous tenez votre idée ? Bien. Mais comment la concrétiser ? Rédigez un document qui présente les grandes lignes de votre livre : son sujet et ce que vous souhaitez y aborder. Écrivez une première version de sommaire, pourquoi pas un premier chapitre. Ajoutez des exemples de réalisations si c'est un livre illustré.

De la même manière que vous démarchez des marques et des enseignes pour développer vos partenariats, choisissez soigneusement les maisons d'édition que vous allez contactez. Couvrent-elles le secteur que vous visez ? Certaines sont plutôt orientées beaux livres, d'autres plutôt romans et nouvelles, d'autres encore publient des guides pratiques ou ont une belle collection de livres créatifs. Voyez ce qui se publie en ce moment, leur actualité, et leurs best-sellers. Ont-ils déjà publié un titre qui s'approche de votre sujet ?

Un blogueur de votre connaissance a été publié ? Peut-être peut-il vous donner les coordonnées de son éditeur ou vous le présenter. Et si vous n'avez pas de connexion directe, renseignez-vous directement sur le site des maisons d'édition qui expliquent en détail comment leur faire parvenir les idées et les manuscrits.

Enfin, lancez-vous ! Que risquez-vous à part essuyer un refus. L'occasion de rebondir, réajuster votre projet et retenter. La prochaine fois sera peut être la bonne.

À savoir

Si vous souhaitez transformer votre blog en livre, et utiliser certaines des images publiées, assurez-vous de disposer des droits pour le faire. Si ce sont vos propres photos, pas de problème, à conditions que vous ayez des autorisations de reproduction écrites des personnes figurant dessus (si on voit des personnages). Attention également aux droits des designers, architectes, graphistes... L'éditeur vous guidera. Si les photos ne sont pas de vous, vous devez demander au photographe l'autorisation de les publier. À vous de négocier cela à titre gratuit ou onéreux, selon vos accords avec la maison d'édition.

Côté rémunération, un auteur perçoit un pourcentage sur les ventes de son livre. En France, en moyenne, le contrat type prévoit que l'auteur touche 6 à 10 % de droits sur le prix de vente hors taxes du livre, selon sa notoriété, le type de livre, les éléments fournis (texte seul, texte et illustrations...). Les droits d'auteur peuvent être progressifs par paliers : un pourcentage jusqu'à 10 000 exemplaires vendus, puis un autre au-delà.

Ainsi, pour un livre à 22 €, avec un tirage prévu à 2 000 exemplaires, et des droits d'auteur de 8 %, l'auteur percevra 1,67 € sur chacune des ventes, soit au total environ 3 336 € une fois le tirage de 2 000 exemplaires vendu.

L'auteur reçoit parfois, à la signature de son contrat ou à remise du manuscrit, une avance sur droits d'auteur, dont le montant est défini en amont avec la maison d'édition. Cette avance est déduite du montant total des droits d'auteur, calculés en fin d'année selon les ventes de son ouvrage.

Émilie Guelpa

http://www.griottes.fr/

Je m'appelle Émilie, j'ai 31 ans, j'habite en banlieue parisienne. J'ai fait des études de graphisme pour être directrice artistique, puis j'ai ouvert un blog et ça a changé toute ma vie ! :)

Que partages-tu sur ton blog, qu'est-ce qui plaît le plus à tes lecteurs ?

Au départ, je partageais uniquement des recettes de cuisine mais maintenant je pourrais qualifier mon blog de « lifestyle ». J'y parle voyages, cuisine, DIY, projets… un joyeux bazar ! Ce qui plaît le plus sont les carnets de voyages, c'est là où j'ai le plus de commentaires donc d'interactivité. Il me faut 3 mois (au minimum !) pour les finir, donc ce sont sûrement les plus aboutis.

Combien d'articles publies-tu chaque mois ?

Le fait d'être freelance influence mon rythme de publication. J'ai du mal à m'arrêter de travailler et je laisse avec beaucoup de regrets les jours passer sans publier d'articles. Je publie une fois tous les mois ou tous les deux mois… Mais je travaille à réduire ce timing !

Combien de temps consacres-tu au blog chaque semaine ?

Trop peu… Même si je suis peu présente sur le blog au quotidien, j'essaye de prendre le relai sur les réseaux sociaux pour continuer de partager des jolies choses avec mes lecteurs.

Tu as l'un des blogs culinaires les plus visités en France, il est connu à l'étranger, mais tu ne te focalises pas sur les chiffres…

Effectivement, j'ai décidé de ne pas regarder mes chiffres. Bien sûr, je vois les statistiques des réseaux sociaux, on ne peut pas y couper, ils sont écrits en énorme sur les pages, mais pas pour ce qui concerne le blog. Au début, je recevais beaucoup de propositions de marques qui me demandaient mes chiffres. Un jour, je me suis dit que c'était exactement l'inverse de ce que je voulais :

bloguer pour des chiffres, pour plaire aux marques. Je voulais juste échanger, partager, m'amuser à écrire et ne pas me sentir dépendante de ce système que je trouve assez malsain.

Pour ce qui est de la relation avec les marques, je ne collabore plus qu'avec celles qui connaissent mon univers et me contactent pour mon travail uniquement, et non pour les chiffres.

Quelles étapes-clefs ont permis de développer et professionnaliser ton blog ?

Une des étapes-clefs, c'est la refonte du blog. Un espace dans lequel on se sent bien soi-même donne envie aux autres. C'est primordial, cela donne envie de s'appliquer, de faire des posts encore plus travaillés et jolis, donc de se professionnaliser. Ensuite, les collaborations avec des personnes ou des marques inspirantes permettent de s'affirmer, de se créer un univers, mais aussi de se dépasser toujours un peu plus.

De manière générale tout ce qui représente un challenge sur le blog est hyper enrichissant : un nouveau format d'articles, une collaboration, une nouvelle charte. On détermine à chaque fois ce vers quoi l'on veut tendre et on s'en donne les moyens !

Tu as créé un univers fort, tes photos sont identifiables au premier coup d'œil. Cette identité visuelle est-elle un atout ?

À 10 000 % ! Avec le recul, c'est ce qui a permis de me professionnaliser. J'accorde énormément d'importance à mon identité visuelle, c'est la base d'une communication réussie. Pendant mes études de graphisme, j'ai vu l'impact que certains visuels, certaines mises en page, avaient ou non sur les gens, cela m'a beaucoup aidée sur Griottes.

Quelle solution as-tu mise en place pour monétiser ton blog ?

J'ai choisi de ne pas monétiser mon blog, je souhaitais qu'il soit un espace personnel. Parfois je me dis que je pourrais mettre une petite publicité pour financer les frais d'hébergement du blog ou une traductrice pour faire une version anglaise par exemple, mais je n'ai toujours pas tranché, c'est un vrai cas de conscience pour moi !

Quels projets et opportunités le blog t'a-t-il apportés ?

Il m'a tout apporté. Je pèse mes mots, c'est la réalité ! Beaucoup de personnes que j'ai rencontrées dans ma vie professionnelle et personnelle y sont liées de près ou de loin. Tout mon travail depuis quelques années vient de Griottes. Il m'a permis de m'épanouir, de me trouver. J'ai 31 ans et je sais à présent grâce à lui qui je suis, qui je veux devenir. Un blog c'est une incroyable histoire d'amour avec la vie, de belles rencontres, des projets.

Tu es auteur, styliste et photographe freelance. En quoi le blog t'a-t-il permis de te lancer ?

En fait, c'est l'inverse qui s'est produit dans mon cas. J'étais dans une grosse agence de publicité, ça ne se passait pas bien, j'étais frustrée dans mon travail au quotidien. J'ai donc décidé de me lancer en freelance. J'ai tout quitté sans visibilité (avec le recul, je me dis que j'étais folle !), avec juste l'envie de faire ce que j'aimais. J'ai ouvert le blog quelques semaines avant de quitter le travail, puis je me suis retrouvée là, devant cette page blanche, avec cette envie d'en faire quelque chose qui m'appartienne.

C'était le début des blogs, j'étais maladroite, mais j'avais une envie folle de m'amuser et de laisser libre court aux idées qui se bousculaient dans ma tête. Petit à petit, je me suis prise au jeu et j'ai plus travaillé mes sujets, jusqu'à ce qu'on me contacte pour un projet, puis un autre, puis un nouveau. Je me demande ce que je ferais si je n'avais pas ouvert ce blog. Griottes, c'est la petite étincelle dans mes yeux depuis 8 ans déjà, une vraie histoire de couple :)

Quels sont tes projets professionnels ?

C'est toujours incertain quand on est freelance, mais j'ai un gros ouvrage qui sort en octobre 2015 sur le Do It Yourself, où j'ai pu être auteure, styliste, photographe et graphiste, et je prévois une grosse refonte du blog (qui n'a pas bougé depuis maintenant 5 ou 6 ans, autant dire un siècle dans ce milieu ;)). Je lance également avec deux amies une nouvelle marque de papeterie et décorations de mariage, c'est hyper excitant.

Quels conseils donnerais-tu pour professionnaliser et monétiser son blog ?

La charte graphique et les photos sont primordiales, c'est en tout cas ce qui a fonctionné sur mon blog. Cela implique du temps certes, mais c'est la clé du succès ! Les textes sont également très importants, il faut choisir son angle rédactionnel

En quelques chiffres

Facebook : + 20 000

Twitter : + 9 000

Pinterest : + 125 000

et s'y tenir. Posez-vous la question : est-ce que je tutoie mes lecteurs ? Est-ce que je rédige comme si je m'adressais à un ami ou est-ce que je reste plus neutre ? Ce qui est important surtout c'est de définir vos angles (textes, photos, projets) en amont. Cela ne veut pas dire que c'est gravé dans le marbre de WordPress, mais cela permet d'être régulier.

Une fourchette de revenus directs (affiliations, sponsors...) et indirects (publications, shop...) générés par le blog ?

J'ai choisi de ne pas mettre de publicités sur le blog. C'était pour moi très important de garder cet espace 100 % à mon image. Je n'ai donc pas de revenus directs via ce biais, et d'ailleurs mon statut juridique ne me le permet pas. En revanche, le blog m'a apporté une très belle visibilité en termes de portfolio et mes clients aujourd'hui m'ont à 90 % connue grâce à lui, donc je ne vis pas de mon blog, mais je vis un peu grâce à lui !

Conclusion

Les blogueurs disposent aujourd'hui d'un capital confiance et sympathie dont rêvent les marques. Ils sont devenus prescripteurs et de nombreux lecteurs confient suivre l'avis d'un blogueur lorsqu'il s'agit de faire un choix entre tel ou tel produit.

Si bloguer peut être une source de revenus, à plus ou moins grande échelle, ça n'en doit pas moins demeurer un moyen de partager avec le plus grand nombre une véritable passion et des coups de cœur. Le blogueur doit pouvoir livrer à ses lecteurs son opinion et ses idées en toute indépendance, apporter son point de vue vrai et sincère. Une honnêteté qui demeure l'essence même de sa vocation. Le noyau dur qui fait perdurer entre lui et sa communauté une relation de confiance indéfectible.

Bloguer demande de l'implication. En tant que blogueur, votre avis compte, et votre temps est précieux. Vous êtes force de proposition, êtes un curateur de votre communauté, participez à faire évoluer un univers, un secteur d'activité. Alors pourquoi ne pas tirer profit de ce talent et de ce temps passé ? Passée une certaine culpabilité – gagner de l'argent grâce à sa passion ne semble pas être un véritable travail –, ou un syndrome de l'imposteur – c'est vrai, en quoi des centaines d'articles rédigés autour d'un même sujet vous

permettent-ils d'être considéré comme un expert dans votre domaine ? –, vous devez prendre conscience de l'incroyable levier dont vous disposez, et mettre toute cette énergie et ce travail à profit, pour vous permettre de tirer parti vous aussi du talent qui est le vôtre.

En quelques années, la blogosphère s'est professionnalisée, bien consciente de cet intérêt des enseignes à son égard, et de son pouvoir d'influenceur sur ses communautés. Mais attention, la frontière est facile à franchir entre partager avec enthousiasme une bonne adresse avec ses lecteurs et faire la promotion un peu moins équitable d'une marque en échange de rémunération. Pour conserver sa position de référent impartial et la confiance de son auditoire, le blogueur doit avant tout garder son honnêteté vis à vis de ses lecteurs, et évoluer en toute transparence.

C'est avec des pratiques de plus en plus professionnelles, et l'envie de toujours montrer plus de sérieux face à ses interlocuteurs que la blogosphère saura, dans la durée, tirer parti de ce merveilleux écosystème basé sur la confiance, les compétences et le partage. En évoluant ensemble, dans un système de synergie vertueuse, poussant chacun et chacune à prendre confiance et à mettre en avant son expertise et son savoir-faire, la communauté des blogueurs perdurera et saura trouver une place plus pérenne encore dans l'économie et les échanges sur la toile.

Glossaire

Adsense
Régie publicitaire de Google qui fonctionne sur le principe de la publicité contextuelle (publicité apparaissant dynamiquement en fonction du contenu de la page).

Affiliation
L'affiliation consiste en la promotion des produits ou services de l'affilieur en échange d'un pourcentage des ventes, via l'insertion de liens ou d'encarts par exemple. Les affilieurs rémunèrent ainsi les blogueurs pour mettre en avant leurs produits et services sur leur blog.

Annonceur
Un annonceur désigne une entreprise qui achète une campagne publicitaire faisant la promotion de son produit ou de son service.

Archives
Les archives correspondent à l'ensemble de vos articles publiés sur votre blog, généralement organisés par mois ou par catégories.

Bannière ou encart
Une bannière ou encart est un bandeau publicitaire qui s'affiche sur un site web.

Blog
Contraction de web et log. D'abord essentiellement des journaux en ligne antéchronologiques, les blogs se sont peu à peu multipliés pour apparaître dans tous les domaines. Ils sont aujourd'hui le moyen le plus rapide d'apporter au plus grand nombre informations et contenu.

Blogosphère
La blogosphère représente de façon globale la communauté mondiale de blogueurs.

Blogroll
La blogroll est une liste de sites que vous aimez et dont vous donnez les liens sur votre blog pour les partager avec vos lecteurs. C'est une bonne façon de soutenir la communauté.

Catégories
Les catégories permettent d'organiser le contenu de votre blog.

Commission
C'est le pourcentage des ventes perçu, défini selon les modalités établies pour un partenariat.

Commentaire
Les lecteurs d'un blog ont la possibilité d'interagir avec vous et entre eux en laissant un commentaire au bas d'une page ou d'un post.

Curateur
Être curateur, c'est sélectionner et mettre en avant des produits, services, images, tendances ou objets.

Flux RSS
Les lecteurs d'un blog peuvent s'abonner au flux RSS (ou flux de syndication) de celui-ci afin d'en suivre les actualités, via les agrégateurs de contenus de type Feedly, Netvibes...

Footer
C'est le pied de page de votre site, zone dans laquelle il vous est possible de placer des liens renvoyant vers les pages les plus importantes de votre site, les mentions légales, ou encore les crédits.

Hébergement
L'hébergement des sites et blogs sur Internet est assuré par des compagnies mettant à disposition de l'espace sur des serveurs.

HTML
Ce langage de programmation permet de structurer une page web via une hiérarchisation des informations, contenues dans des balises de type <title>, <h2>, <h3>, <img>, <p>...

Lien
Élément de texte ou d'image, cliquable, redirigeant le lecteur vers une autre page.

Ligne de flottaison
La ligne de flottaison correspond à la ligne séparant, sur un site web, la partie visible affichée à l'écran, et celle invisible, accessible uniquement en scrollant.

Mentions légales
Ces mentions permettent de mentionner, sur une page de votre site web, les informations légales de rédaction, d'hébergement, et les conditions d'utilisation dudit site.

Modération
La modération des commentaires vous permet de valider ou non les commentaires postés sur votre blog.

Newsletter
La newsletter est une information (nouveautés, billets à lire, événement…) envoyée périodiquement par e-mail à vos lecteurs qui s'y seront abonnés.

Nom de domaine
Adresse qui permet d'accéder à un site Internet et qui reprend le nom du site.

Permalink
Le permalink est l'URL unique d'un post ou d'une page. Pour un meilleur référencement, pensez à paramétrer correctement vos permalinks pour que vous puissiez les optimiser. Ils doivent dans l'idéal reprendre les mots-clefs du post.

Pixel
Le pixel est l'unité de mesure numérique. Les dimensions des écrans, encarts, et de tout espace disponible sur Internet sont mentionnées en pixels (pix).

Plugin
Extension qui permet d'ajouter des fonctionnalités à votre blog.

Post
Un post est un article de blog. Il peut également être appelé billet.

Référencement naturel
Il permet d'optimiser de façon naturelle et gratuite le référencement de votre blog afin que celui-ci soit bien positionné dans les moteurs de recherche. On parle également de SEO *(Search Engine Optimisation)*.

Référencement payant
Le référencement payant consiste à acheter des liens sponsorisés dans les résultats publicitaires des moteurs de recherche.

Réseaux sociaux
Les réseaux sociaux sont des espaces communautaires permettant aux internautes de partager et interagir autour de thèmes et d'intérêts communs.

Sidebar
La sidebar est une colonne pouvant être située à gauche et/ou à droite de la colonne principale de votre blog. On y place en général, les liens vers les

réseaux sociaux, un lien vers sa page « À propos », ainsi que des encarts partenaires ou encore une zone de recherche.

Spam
Les spams sont des messages jugés indésirables, faisant la promotion de sites Internet et de produits de façon intempestive dans les commentaires d'un blog. Pour éviter que les spams ne prennent le pas sur les vrais commentaires laissés par les lecteurs, il est préférable d'installer des plugins anti-spams (comme Akismet).

Tags
Les tags sont des mots-clefs utilisés pour compléter et affiner la catégorisation des articles et des pages d'un blog. Par exemple, si vous rédigez un article autour de la beauté, vous pouvez ajouter à votre post les tags « maquillage », « blush », « palette »...

Titre
Qu'il soit drôle, court, percutant ou factuel, le titre d'un article donne le ton à votre texte et accrochera (ou non !) l'attention de vos lecteurs.

Thème
Un thème de blog, ou *template*, est une structure qui permet de personnaliser l'interface de son site selon un modèle existant.

Trackback
Un trackback vous permet d'être averti de façon automatique (une fois la fonction activée sur votre blog, par exemple dans WordPress : Réglages > Discussion > Réglages par défaut des articles > Autoriser les liens de notifications depuis les autres sites) lorsqu'un autre blogueur insère, dans l'un de ses articles, un lien vers l'un de vos articles.

URL
L'URL, ou *Unique Ressource Location* en anglais, correspond à l'adresse complète d'une page d'un site ou d'un blog, y compris les « http:// » et « .com ».

Widget
Les widgets sont des applications mises en place sur votre blog, et qui vous permettent de l'optimiser avec des outils comme une zone de recherche, des boutons de partage, etc.

Maquette intérieure : Anne Krawczyk / Studio Eyrolles

Dépôt légal : juillet 2015
N° d'éditeur : 9504
Imprimé en Roumanie par Canale

Cet ouvrage est imprimé sur du papier offset Magno naturel 120 g, papier issu de forêts gérées durablement.